Schneller lesen – besser verstehen

unter Mitarbeit von
Friedrich Hasse und Britta Sösemann

Rowohlt Taschenbuch Verlag

HINWEIS

Die Erfahrungen, die in dieses Buch eingeflossen sind, basieren auf dem ProRead-Kurs, der von Dr. Stan Rodgers entwickelt und international unter dem Namen «Improved Reading» vermarktet wird. Eine deutschsprachige Version dieses Kurses wurde 2002 von Improved Reading Germany erarbeitet. Seit 2003 liegen die Nutzungsrechte für ProRead beim IISE (International Institute of Social Economics).

Das hier vorliegende Buch darf weder im Ganzen noch in Teilen vervielfältigt, verbreitet oder in sonstiger Form für kommerzielle Lesetrainings genutzt werden. Dagegen sind Lehrer an Schulen ab Klasse 10 zur praktischen Anwendung dieses Buchs in ihrem Unterricht ausdrücklich eingeladen.

Besser lesen. Mit System.

Under licence from
International Institute
of Social Economics

6. Auflage März 2011
Originalausgabe
Veröffentlicht im Rowohlt Taschenbuch Verlag,
Reinbek bei Hamburg, Oktober 2008
Copyright © 2008 by Rowohlt Verlag GmbH,
Reinbek bei Hamburg
Umschlaggestaltung ZERO Werbeagentur, München
Satz Utopia und Officina PostScript, InDesign, bei
KCS GmbH, Buchholz bei Hamburg
Druck und Bindung Druckerei C. H. Beck, Nördlingen
ISBN 978 3 499 62378 3

Inhalt

Besseres Lesen muss man üben (Praxis)

 **THEORIE III**

 **THEORIE IV**

 **THEORIE V**

 **THEORIE VI**

Anhang

Vorwort –
... eigentlich ganz einfach!

Stan Rodgers lernte ich über die Australische Botschaft kennen. Lesen war sein Lebensthema, und er brachte mich mit wenigen Fragen zum Nachdenken:

- Ob mir denn meine «Effective Reading Rate» bekannt sei? (Eine Messgröße für Lesequalität? Nie davon gehört. Ich wusste nur, dass meine Frau schneller las als ich – aber auch effektiver?)
- Ob ich mich noch erinnerte, wie schnell ich während der Schulzeit auf 100 Meter gelaufen bin? (Das konnte ich.)
- Was wichtiger war für meine private und berufliche Entwicklung, Lesen oder Laufen? (Ziemlich eindeutig, die 11,6 Sekunden auf 100 Meter haben mir nicht erkennbar weitergeholfen, obwohl ich um jede Zehntelsekunde gekämpft habe.)
- Ob ich mich nach meiner Grundschulzeit noch einmal mit meiner Lesetechnik beschäftigt hätte? (Lesetechnik? Nur kurz auf die Seiten schauen, und das Wissen springt mir in den Kopf? Daran glaube ich nicht. Als Stan Rodgers «Ich auch nicht» sagte, konnte ich wieder zuhören.)
- Welche persönlichen Weiterbildungen mir denn besonders geholfen hätten? (Zeitmanagement? Nicht wirklich. Rhetorik? Mehr durch die Praxis. Problemlösungen? Selten angewandt. Aber gelesen habe ich drei bis vier Stunden pro Tag – ohne Weiterbildung. Eigentlich kaum zu glauben!)
- Ob meine Gedanken beim Lesen manchmal abwanderten? (Manchmal? Bei bestimmten Texten dauernd!)

◻ Wie viel freie Kapazität das Gehirn bei normaler Lesegeschwindigkeit für diese «eigensinnigen» Gedanken hätte?
(75 %? Das ist ja unglaublich. Klar, dass das Gehirn da mühelos etwas Besseres findet als den aktuellen Jahresbericht.)

Über das wichtige Thema Lesen wusste ich eigentlich sehr
wenig, obwohl ich ständig damit konfrontiert war, mehr le-
sen/wissen zu wollen, als ich leisten konnte. Hatte ich mir
vielleicht unnötige Schwierigkeiten bereitet? Die Lösung sei
eigentlich ganz einfach, meinte Stan Rodgers. Man müsse nur
drei Haupt-Lesefehler beseitigen, um schneller und mit besserem Verständnis lesen zu können. Als er hinzufügte, dass dies
meistens schon während eines zweitägigen Kurses gelingt, wurde ich neugierig.

Er hatte recht: Der Ansatz war einfach. Den Kurs habe ich
zwar als sehr anstrengend empfunden, er hat aber Spaß und vor
allem sofortigen Erfolg gebracht. Als ich mit Kollegen, Freunden
und später auch mit vielen Firmen darüber sprach, stellte ich
fest, dass weder das Thema Lesen noch die plausiblen Verbes-
serungsansätze bekannt bzw. im Bewusstsein waren, obwohl
wir doch ständig lesen – privat und beruflich.

Das wollte ich ändern und gründete Improved Reading
Germany auf Basis der Lizenz von Stan Rodgers. Mit unserem
Trainerteam haben wir inzwischen über Firmen, Behörden,
Universitäten und Schulen, aber auch in öffentlichen Kursen
viele Menschen erreicht. Wir erleben immer wieder, wie man
spielerisch die Teilnehmer von einengenden Routinen befrei-
en, Blockaden lösen und eigene Potenziale erkennen lassen
kann. Diese Erfolgserlebnisse motivieren uns und haben letztlich dazu geführt, dass wir der Anfrage zum Schreiben dieses
Buchs zugestimmt haben.

Natürlich bin ich überzeugt, dass ein deutlicher und nachhal-
tiger Veränderungsprozess am besten in einer Kursatmosphäre

erreicht wird. Aber dabei stehenzubleiben und die vielen Interessierten, die an einem Kurs nie teilnehmen können und wollen, nicht zu erreichen, entspricht nicht unserer Philosophie und dem Stellenwert, den wir dem Thema Lesen geben. Die Konsequenz war, ein Buch zu schreiben, in das wir die wesentlichen Erfolgsfaktoren aus unseren Kursen einbringen:

- Die praktische Ausrichtung: Man verändert sich nun einmal nicht durch Einsichten, sondern nur durch Üben.
- Ein genau durchdachter, schrittweiser Lernprozess, bei dem die Teilnehmer kontinuierlich auf allen Stufen motiviert werden.

Es wäre schön, wenn Sie uns auf dem vorgeschlagenen Weg folgen könnten. Auch wenn Ihnen manches zunächst unverständlich, zu häufig wiederholt oder zu ausführlich erklärt erscheint – es hat alles seinen Sinn. Lassen Sie sich auf diesen Prozess ein und bewahren Sie sich eine sportliche Grundeinstellung – dann haben Sie beste Voraussetzungen für den Lernerfolg geschaffen. Vielleicht bearbeiten Sie das Buch ja auch in einer Gruppe, mit festem Zeitplan. Dann können Sie sich gegenseitig motivieren und anspornen.

Das Thema Lesekompetenz nach PISA möchten wir um einen grundlegenden Aspekt ergänzen. In der Öffentlichkeit und in den Medien wird eigentlich nur über den «intellektuellen Teil» des Leseprozesses berichtet und diskutiert: über die «Unfähigkeit» der Schüler, den Inhalt von Texten begreifen und wiedergeben zu können. Das ist richtig und beklagenswert, betrachtet aber nur einen Teil des Lesevorgangs. Davor liegt nämlich ein Schritt, der bisher zu wenig Beachtung findet: der (zunächst) mehr mechanische Teil der Texterfassung. Weithin unbekannt ist die Tatsache, dass sich fast alle Menschen (nicht allein bestimmte Gruppen von Schülern) durch Fehler in den Blickprozessen das Lesen erschweren. Diese Fehler vermindern keineswegs nur die Lesegeschwindigkeit, die so gern als alleiniges Ziel in den Vordergrund gestellt wird (alles muss höher, weiter und schneller sein!); vor allem werden Textverständnis und Lesefreude dadurch eingeschränkt. Es ist mein vorrangiges Ziel, mit unserem Ansatz wieder Spaß am Lesen zu bereiten. Wenn dies gelingt, kommt der Rest von selbst. Lesen lernt man am besten durch Lesen – möglichst viel und möglichst interessiert!

Gestatten Sie mir zum Abschluss des Vorworts einige grundsätzliche Bemerkungen:

1. Ich habe immer die männliche Anrede gewählt, um den Text zu verschlanken. Die Alternativen waren schlecht lesbar – und das will ich in keinem Fall. Natürlich richten wir uns gleichermaßen an alle Leserinnen und Leser!

2. Überwiegend finden Sie die «Wir»-Perspektive. Es sind «unsere» Erkenntnisse und Empfehlungen von Improved Reading und von uns als Autorenteam, die hier geschildert werden. Manchmal habe ich auch aus der persönlichen Sicht argumentiert, aber immer mit der Zustimmung der Autorenkollegen.

3. Unser Kurs und unser Buch beruhen auf einer soliden wissenschaftlichen Grundlage. Um wirklich alle Leser zu erreichen (und auch, weil es dem Stil im Kurs entspricht), haben wir jedoch eher umgangssprachlich formuliert – allerdings nicht immer. Wir verwenden auch Anglizismen, weil das Konzept im englischen Sprachraum entstanden ist und weil uns – zugegebenermaßen – einige Wörter im Englischen einfach besser gefallen: «Chunken Sie» vermittelt mehr Schwung als «Erfassen Sie Sinngruppen». Und diesen Schwung wünschen wir Ihnen jetzt beim Lesetraining mit unserem Buch!

Halt, nicht weiterblättern!
Anleitung zum Umgang mit dem Buch

Wissen Sie, wie gut Sie lesen? Auf diese Frage erhalten wir fast nie eine knappe Antwort, geschweige denn eine Zahl oder einen Begriff. Die meisten Menschen schildern vielmehr gern und ausführlich, wie sie ihr Lesevermögen in unterschiedlichen Anforderungssituationen erleben. Manche begeistert, viele verzweifelt, doch stets ist zu spüren, wie sehr die Lesefähigkeit als Ausdruck der eigenen Persönlichkeit empfunden wird. Die meisten sehen sich auch sofort in Konkurrenz: die Ehefrau, der Freund – irgendjemanden gibt es immer, der schneller liest. Sehr ärgerlich für die «Schnecke» ... besonders wenn das «Wiesel» auch noch alles behalten hat! Offenbar funktioniert es ja schneller und besser – aber WIE?

Doch Sie sind vielleicht gar keine Leseschnecke, sondern wollen Ihr ohnehin schon gutes Lesen einfach nur verbessern? Lohnt sich dieses Buch dann überhaupt für Sie?

Wenn Sie die Theorie- und Praxis-Kapitel erobert haben, tragen Sie zum Schluss einen gutsortierten Methodenkoffer davon, den jeder auf seine Weise einsetzen kann. Es ist wie bei einem erstklassigen Werkzeugkasten, den Sie erwerben: Basteln müssen Sie schon selbst – aber mit der richtigen Ausrüstung gelingt das Vogelhäuschen einfach besser.

Bei der Frage «Für wen schreiben wir dieses Buch?» haben wir ganz bescheiden an fast **alle Leser** gedacht – gute und schlechte. Wir haben uns auch verschiedene Erwartungen vorgestellt und konkrete Wünsche:

- den vielseitigen **Zeitungsleser**, der unbedingt mehr und vor allem rasch wichtige Informationen aufnehmen möchte;
- den von der Informationsflut fast schon erschlagenen **Büromitarbeiter**, der Entlastung benötigt und eine bessere Informationsausbeute erreichen möchte;
- den **Manager**, der genau weiß, dass seine Entscheidungen besser werden, wenn er die vorhandenen Informationen aus diversen Berichten, E-Mails oder dem Internet einbezieht;
- **Studenten** und **Oberstufenschüler**, die sich durch schwierige Texte der Wissenschaft kämpfen müssen;
- **Lehrer, Schulbehörden, Kultusminister**, die sich fragen, wie sie den Rahmenlehrplan Deutsch (Sekundarstufe II) im Abschnitt Lesekompetenz umsetzen sollen;
- **Wissenschaftler**, von denen wir uns Kritik und Anregungen erhoffen;
- **Interessierte**, die einfach nur ihre Lesefähigkeit verbessern wollen – einerlei, ob für Beruf, Hobby oder ob sie nur die Bücher kennen wollen, über die andere reden.

Nicht-Zielgruppen gibt es allerdings auch:
- Leseanfänger;
- Kinder bis zum Alter von 15 Jahren (außer Leseratten);
- Legastheniker (hier können wir jedenfalls keine speziellen Hilfestellungen geben);
- die 5000-Wörter-pro-Minute-Träumer, die sich von einem einzigen Blick auf die Seite schon das komplette Wissen erhoffen.

Haben Sie Ihr eigenes Interesse hier irgendwo entdecken können, und sind Sie bereit, sich durch Ihren Lernprozess führen zu lassen? Wie wäre es dann mit einem Lesetest? An dieser Stelle ist es nämlich wichtig, Ihre aktuelle Leseeffizienz kennenzulernen. Die Trainingseinheiten in diesem Buch machen nur richtig Freude, wenn Sie sehen, dass und wie sehr Sie sich verbessern. Voraussetzung dafür ist natürlich die Feststellung: Wie gut sind Sie im Moment?

Deshalb leitet Sie jetzt der Hinweis bei den Zahnrädern zu den ersten drei Tests (die Zahnräder sollen verdeutlichen, wie Theorie und Praxis ineinandergreifen und sich gegenseitig unterstützen). Nach den Tests kommen Sie daher bitte an diese Stelle zurück:

PRAXIS I, S. 115

Welche Wege führen zum Ziel?

Schön, dass Sie wieder hier sind und wir Sie fragen können: Wie gehen Sie persönlich an ein Buch heran, wenn Sie es in den Händen halten, sei es noch im Buchladen oder auch schon zu Hause? Es gibt zahlreiche Möglichkeiten, die von vielen individuellen Faktoren abhängen: von Ihrer Erfahrung mit Büchern, von Ihren Interessen oder Ihrer Lust auf ein neues Thema, Ihren Lernzielen und nicht zuletzt davon, welcher Lerntyp Sie sind. Wenn Sie Ihren «Typ» noch nicht kennen – stellen Sie es doch einmal fest![1] Die eigenen Stärken zu kennen, erspart Ihnen viel Mühsal und vergeblichen Zeitaufwand im Umgang mit Texten.

Fragen Sie sich jetzt bitte kurz, mit welchem Ziel Sie dieses Buch lesen[2] und wie Sie am besten dorthin gelangen. Jeder erobert ein Buch auf seine ureigene Weise. Manche lieben es, sich erst einmal Schritt für Schritt und genussvoll die Theorie zu Gemüte zu führen, bevor sie sich an die praktischen Übungen

---

1 Eine kurze und übersichtliche Zusammenstellung der Lerntypen und ihrer Charakteristika finden Sie bei Beyer, *Brain Fitness*, 2007, S. 15 ff.
Alle im Anmerkungsteil verkürzt wiedergegebenen Literaturangaben sind im Literaturverzeichnis vollständig aufgeführt.

2 Wie sehr Zielbilder unsere Handlungen auslösen oder verhindern können, beschreibt Hüther, *Bilder*, 2006.

begeben. Andere wollen schneller vorankommen und stürzen sich lieber sofort in die Herausforderungen.

Bei der Konzeption dieses Buchs haben wir an diese verschiedenen Vorlieben gedacht und den Theorieteil vom Praxisteil getrennt. Am besten ist es natürlich, ganz von vorn zu beginnen: mit der Theorie. Dort wird der Leser in regelmäßigen Abständen zu den Übungen im Praxisteil geführt, nach denen er dann wieder in den Theorietext zurückkehrt.

Die Zahnräder kennzeichnen jeweils die Übergänge und sorgen dafür, dass der inhaltliche Zusammenhang zwischen Theorie und Praxis gewahrt bleibt. Wenn Sie unseren Empfehlungen folgen, beenden Sie das Buch nicht auf der letzten Seite, sondern nach dem abschließenden Theorieteil Kapitel VI in der Mitte des Buchs.

Wer aber wenig Lust auf den Theoriebrocken verspürt – wir nennen ihn den «Praktiker» –, kann sofort in die Übungen eintauchen, denn er findet dort die wichtigsten Informationen in aller Kürze. Wir freuen uns natürlich, wenn wir seine Neugier wecken und ihn an den Übergängen doch zum Lesen des Theorieteils verführen könnten. Die Praxisblöcke sollten allerdings in jedem Fall als geschlossene Einheit bearbeitet werden.

Sie möchten sich gar nicht auf einen Typ festlegen lassen? Dann gehen Sie Ihren eigenen Weg durch das Buch. Hauptsache, Sie empfinden das Lesen nicht als Pflichtübung.

Und nun: Lernen Sie unsere Prinzipien kennen!

PRINZIPIEN EFFIZIENTEN LESENS

(THEORIE)

I Lesen lernen muss man zweimal!

Der Sinn des Lesens

Wie oft in Ihrem Leben haben Sie sich mit dem Thema Lesetechniken beschäftigt? Vermutlich nur ein einziges Mal: in der Grundschule. Die meisten Menschen begnügen sich auch damit – eigentlich schade, wenn man bedenkt, dass Lesekompetenz zu den wesentlichen Erfolgsfaktoren sowohl in der Ausbildung als auch im Beruf gehört. Indem Sie sich jetzt mit «erwachsenengerechten» Lesetechniken vertraut machen, dürfen Sie sich bisher zu einer Minderheit zählen.

Wie selbstverständlich ist es für uns heute, sich eine Fremdsprache anzueignen, einen Rhetorikkurs zu besuchen oder eine Entspannungstechnik zu lernen. Warum sollten wir es also gerade beim Lesen nicht schaffen, unsere Fähigkeiten weiterzuentwickeln? Haben Sie jemals nachgerechnet, wie viel Zeit Sie jede Woche mit Lesen verbringen? Angenommen, es sind zehn Stunden: Wenn Sie nur 25 % schneller lesen (bei mindestens gleich hohem Textverständnis natürlich), gewinnen Sie zwei Arbeitswochen pro Jahr. Zwei Arbeitswochen! Und Sie werden rasch feststellen, dass eine 25%ige Steigerung keine Zauberei, sondern eher ein bescheiden angesetztes Ziel ist. Sie sehen: Auch und gerade als Erwachsener lohnt es sich, noch einmal das Thema Lesen aufzugreifen.

Entweder Sie rechnen jetzt erst mal aus, wie viel Zeit Sie einsparen könnten (bei einer Verbesserung von 30 %, 50 % oder sogar 100 %?) –, oder aber Sie wissen ohnehin, warum Sie dieses

Buch in der Hand halten. In beiden Fällen sind Sie in der optimalen Verfassung für einen zügigen Einstieg in unser Thema. Ich beginne mit einer grundlegenden Frage: **Was heißt eigentlich «Lesen»?** (Bitte eine kurze Denkpause einlegen …)

Die häufigste Antwort, die wir in unseren Kursen erhalten, klingt selbstverständlich: «Informationen aufnehmen». Das ist natürlich richtig – aber fehlt hier nicht noch etwas Entscheidendes? Der Satz des Pythagoras[3] wird erst zu einer verwertbaren Information, wenn wir u. a. wissen, was Katheten und Hypotenusen sind. Ohne Vorwissen und die Verarbeitungsfähigkeit des Gehirns produziert unser Lesen nur eine inhaltsleere Aneinanderreihung von Symbolen oder Wörtern. Wir benötigen Erfahrungen bzw. Basiswissen, an das wir «andocken» können, um die Wörter überhaupt zu begreifen, die wir sehen. Dann erst können wir wirklich «Informationen aufnehmen» und deren Bedeutung verstehen. In diesem Sinne sagen wir: **Lesen ist die Interpretation von Symbolen zur Erfassung von Bedeutung.**[4]

Entscheidend für einen effizienten Leseprozess sind also nicht die Symbole selbst (Buchstaben, Wörter), sondern der Inhalt, den wir ihnen entnehmen. Die Symbole sind nur Krücken, die uns zu dem eigentlichen Leseziel, der Aussage, hin-

---

3 Der Satz des Pythagoras lautet: In allen ebenen rechtwinkligen Dreiecken ist die Summe der Flächeninhalte der Kathetenquadrate gleich dem Flächeninhalt des Hypotenusenquadrates. Die beiden kürzeren Seiten in einem rechtwinkligen Dreieck, die den rechten Winkel bilden, nennt man Katheten. Die längere, gegenüberliegende Seite wird Hypotenuse genannt.

4 In der aktuellen Leseforschung heißt es ähnlich: «Lesen lässt sich als Fähigkeit auffassen, visuelle Informationen aus grafischen Gebilden zu entnehmen und deren Bedeutung zu verstehen […]»; und: «Lesen ist kein passiver Prozess der Informationsaufnahme; die Textinhalte werden vielmehr aktiv-konstruktiv mit dem Vorwissen verbunden.» Christmann, Lesen, 2004, S. 420.

führen. Ob «S – t – a – d – t», «v – i – l – l – e», «c – i – t – y» oder «c – i – u – d – a – d» – die unterschiedlichen Symbolkombinationen des lateinischen Alphabets stehen jeweils für dieselbe Bedeutung bzw. erzeugen dasselbe Bild im Kopf. Der Sinn ergibt sich somit erst aus dem Zusammenspiel der Symbole, die einzeln noch nicht viel aussagen. Ein effizienter Leser zeichnet sich also auch dadurch aus, dass er nicht buchhalterisch einzelne Symbole entschlüsselt und als «erledigt» betrachtet, sondern neugierig auf Bedeutungen zusteuert. «Reading for meaning» (auf die Aussage hin lesen) – so bringt die englische Sprache auch diese Lebenssituation in eine griffige Formel.

Wie alles begann – prägende Lesegewohnheiten

Erinnern Sie sich noch daran, wie Sie lesen gelernt haben? Vermutlich haben Sie – wie die meisten von uns – damit begonnen, zunächst einmal das Alphabet zu lernen, danach kamen erst kleine, dann längere Wörter und schließlich vollständige Sätze. Als Kind waren uns die Symbole noch sehr fremd, und wir mussten unsere ganze Energie auf das mühselige Erkennen, Zusammensetzen und Entziffern verwenden, meist mit dem Zeigefinger als Unterstützung. Wir haben die Buchstaben der Reihe nach in Laute verwandelt und versucht, dem Wortgebilde die Bedeutung zu entnehmen: «P – a – p – a», «H – a – s – e». Dabei haben wir uns so eifrig auf das laute Buchstabieren (korrekt: «Lautieren») konzentriert, dass sich der Sinn vielfach erst mit einer kleinen Verzögerung einstellte. Aber ohne das Aussprechen der Laute und Wörter wäre uns der Satz sofort wieder «weggerutscht», denn wir brauchten den selbstproduzierten

Klang im Ohr, damit das gerade eroberte Wort auch haften blieb im Kopf. Brav ein Wort nach dem anderen zu entschlüsseln, war dabei selbstverständlich – schließlich kann man immer nur ein Wort auf einmal aussprechen! Selbst der fortgeschrittene Zweitklässler kommt wohl kaum auf die Idee, mehr als ein Wort gleichzeitig zu erfassen, auch wenn er schon still für sich lesen kann. Lesen war daher überwiegend ein ziemlich schwerfälliger Prozess, der in einer eher gleichförmig-schleppenden Geschwindigkeit vonstatten ging, oft genug von Rücksprüngen und Wiederholungen unterbrochen, weil die Sicherheit fehlte.

Damals haben Sie auch andere Zivilisationstechniken gelernt und schließlich automatisiert: Schuhe zubinden, Hände waschen, Zähne putzen … Die meisten dieser Abläufe führen wir alle inzwischen durch, ohne darüber nachzudenken – so lange, bis wir vielleicht einmal einen Anstoß bekommen, etwas zu verändern (z. B. wenn Ihnen die Zahnarzthelferin erklärt, dass Sie seit 30 Jahren Ihre Zähne falsch putzen …). Doch fällt es uns nicht jedes Mal schwer, die neuen Erkenntnisse umzusetzen und vom Gewohnten Abstand zu nehmen? Fast genau so ist es mit Ihren ersten Leseschritten – auch diese Basiserfahrungen haben sich stark eingeprägt und beeinflussen Ihr Leseverhalten bis heute. Ohne es zu bemerken, tragen Sie diese Kinderschuhe bei vielen Gelegenheiten immer noch – und wundern sich höchstens über Ihre Ineffizienz! Drei Gewohnheiten sind hier vor allem zu nennen, die Ihnen sicherlich bekannt vorkommen:

1. **Subvokalisieren (unterschwelliges Mitsprechen / Mithören)**
2. **Regression (Zurückspringen im Text)**
3. **Enger Blickfokus**

Diese Begriffe werden Sie von nun an durch das Buch begleiten (oder auch: «verfolgen», denn wir wollen Sie immer wieder
dazu auffordern, sich von diesen Gewohnheiten zu lösen). Jetzt
werden sie nur kurz vorgestellt, damit Sie unsere zentralen Kategorien sogleich kennenlernen, aber auf ihre fatalen Auswirkungen und vor allem auf das «Gegengift» gehen wir erst später
ausführlich ein.

Drei Haupt-Lesefehler

1. Subvokalisieren (unterschwelliges Mitsprechen/Mithören)

Vokalisieren nennen wir das vernehmbare Mitsprechen beim
Lesen. Das Lesetempo wird dadurch an das Sprechtempo gebunden und auf diese Weise unnötig gebremst. Ohne mitzusprechen könnten Sie nämlich deutlich mehr leisten, denn Ihr
Denken ist schneller als Ihre Zunge – vergleichbar jenen guten
Momenten, in denen Sie gar nicht so schnell schreiben können,
wie Ihnen kluge Gedanken einfallen.

In der fortgeschrittenen Version, die Ihnen sicher fast allen
vertraut ist, findet das Mitsprechen nur noch im Kopf statt,
und es wird «Subvokalisieren» genannt: Da sitzt bei manchen
vielleicht der «kleine Mann» im Ohr, der Ihnen innerlich den
kompletten Text vorliest, oder Sie hören in Ihrem Kopf deutlich
eine Stimme, die alle Wörter ausspricht, die Sie lesen. Dieses
mentale Mitsprechen setzt unserer Lesegeschwindigkeit ebenfalls zu enge Grenzen. Bei wichtigen oder schwierigen Wörtern
allerdings benötigen wir es zum Verstehen. Deshalb sollte man
den Redeschwall des inneren Vorlesers im Ohr reduzieren, aber
nicht den Anspruch haben, ihn gänzlich abzuschaffen.

2. Regression (Zurückspringen im Text)

Kennen Sie das? Die Augen wandern über die Zeilen, und die Gedanken wandern auch, aber zu einem ganz anderen Thema? Deshalb springen Sie zurück zu der Textstelle, an der Sie den Faden verloren haben, und versuchen, den Inhalt jetzt endlich besser zu erfassen. Aber auch dann müssen Sie sich immer wieder zur Ordnung rufen, um die Gedanken auf den Text auszurichten – und trotzdem gelingt es nur sehr schwer. Diese quälende Erfahrung ist wohl jedem von uns vertraut, und die Erklärung dafür ist ganz einfach: Wir unterfordern unser Gehirn!

Das Gehirn kann viel mehr leisten, als wir normalerweise von ihm verlangen. Wenn Sie es im Leseprozess stärker fordern, lässt sich das Abwandern der Gedanken vermeiden. Alle Techniken, die wir empfehlen, und die dazugehörigen Übungen sollen die angemessene Inanspruchnahme des Gehirnpotenzials unterstützen. Grundsätzlich wollen wir eine stärkere Auslastung des Gehirns durch eine Lesegeschwindigkeit erreichen, die näher an die vorhandene Kapazität herankommt. Schnelleres Lesen ist insofern die Voraussetzung für besseres Lesen.

Erfassungsgeschwindigkeit des Gehirns

Dem menschlichen Gehirn ist beim Lesen im Durchschnitt eine Erfassungsgeschwindigkeit von 800–1000 Wörtern pro Minute (WpM) möglich: Eine Fixierung dauert ca. ¼ Sekunde, und im Durchschnitt können wir dabei 3–4 Wörter gleichzeitig wahrnehmen: Wir *sehen* sie, weil sie im Rahmen unseres natürlichen visuellen Erfassungsbereichs liegen; und wir *verstehen* sie sogar besser als Einzelwörter, weil unser Gehirn ständig nach sinnvollen Zusammenhängen sucht. In einer Sekunde kommen wir damit also auf ca. 12–16 Wörter; in einer Minute können wir demzufolge durchaus 720–960 Wörter lesen. Bei einer Lesegeschwindigkeit von durchschnittlich 200 Wörtern pro Minute treten deshalb geradezu zwangsläufig die Phänomene auf, die

Ihnen die Lust am Lesen so oft verleiden: Langeweile, Tagträume, Abschweifen der Gedanken. Das Gehirn ist bei diesem Tempo eben nur zu einem Viertel mit dem eigentlichen Lesevorgang ausgelastet!

Diese Aussage gilt allerdings nur für Texte ohne schwierige Fremdwörter oder komplexe Sachverhalte. Die Werke Albert Einsteins werden Sie natürlich nicht mit 1000 WpM lesen, denn das Verstehen der Relativitätstheorie ist weniger eine Frage der Lesefähigkeit als vielmehr individueller Faktoren wie etwa Vorkenntnis, Verständnisfähigkeit, Abstraktions- und Sprachvermögen.

Versuchen Sie doch einmal, den engen Zusammenhang von Lese- und Gehirngeschwindigkeit, Konzentration und Interesse selbst festzustellen: Wenn Sie das nächste Mal merken, dass Sie sich beim Lesen nicht gut konzentrieren können, verordnen Sie sich einfach ganz bewusst ein höheres Tempo!

Blockiert wird die mögliche Lesegeschwindigkeit des Gehirns besonders durch das ständige Zurückspringen der Augen innerhalb eines Satzes. In der Phase des Lesenlernens war es notwendig, vom Erwachsenen wird es aber gar nicht mehr bewusst gesteuert. Auslöser ist unsere Unsicherheit: Tief in uns steckt die Furcht, es könnte uns vielleicht etwas Wichtiges entgangen sein.

Vielleicht kennen Sie die Situation, dass Sie aus der Wohnung gehen, die Tür abschließen, aber dann noch einmal zurückkehren, um sich zu vergewissern, ob die Tür auch wirklich verschlossen ist. Eigentlich wissen Sie, dass es überflüssig ist, aber Sie kontrollieren es trotzdem. Genau so springen Sie auch beim Lesen immer wieder zurück, obwohl Sie meist nichts Neues dabei erfahren. Das Ergebnis dieses Zurückspringens sind ständige Zickzackbewegungen der Augen, die den Leseprozess nicht nur verlangsamen, sondern auch das Verständnis erschweren. Verzichten Sie doch einmal probeweise für zwei, drei Seiten radikal auf die Regression – dann bekommen Sie ein Gefühl dafür, ob diese Gewohnheit aus Kindertagen auch Ihren Leseprozess prägt! (Hier müssen wir noch einmal darauf hinweisen: Dieses Buch ist sozusagen nicht jugendfrei, sondern erst ab 16 Jahren freigegeben. Jüngere Leser verfügen noch nicht über den notwendigen Wortschatz bzw. über ein so umfassendes «mentales Lexikon»[5], wie es für diese Übungen erforderlich ist. Kinder und Jugendliche können allerdings durch häufiges Lesen dazu beitragen, mit einem großen Grundwortschatz schneller vertraut zu werden.[6]

3. Enger Blickfokus

Das Lesen in der Grundschule beginnt mit dem Erkennen von einzelnen Buchstaben des Alphabets und geht über das Erfassen ganzer Wörter zum Begreifen und Wiedergeben von Sätzen. *Wie* man aber den Sinn des Satzes entdeckt, war später höchstens Thema der Grammatikstunde oder eine Frage der Interpretation. Hinweise zu den physischen Möglichkeiten des Lesevorgangs waren – und sind – nicht üblich. Deshalb lesen wir als Erwachsene im Allgemeinen immer noch jedes Wort einzeln. Das heißt, wir geben uns mit einem scharfen Sehfokus

5 Das mentale Lexikon ist der «Speicher des sprachlichen Wissens im Langzeitgedächtnis». Die Bedeutung eines Worts, seine Funktion im Satz, sein Schriftbild, sein Klang – das mentale Lexikon speichert alle Informationen, die wir über uns bekannte Wörter besitzen. Vgl. Müsseler, *Psychologie*, S. 476 (Zitat auf S. 494).

6 Warum die Lesemenge das Leseverständnis beeinflusst, zeigen Möller/Schiefele, *Motivationale Grundlagen*, S. 121. Einen der Gründe sehen sie darin, «dass häufiges Lesen die Leseeffektivität, zum Beispiel die Lesegeschwindigkeit bzw. -flüssigkeit, steigert. Durch höhere Effektivität bzw. Automatisierung des Leseprozesses wird das Arbeitsgedächtnis entlastet, und es stehen mehr Ressourcen bereit für [...] tiefer gehende Verarbeitungsstrategien, das Identifizieren der Hauptgedanken, das Ziehen von Schlussfolgerungen und die Verknüpfung des Gelesenen mit vorhandenen Wissensbeständen.»

von einem halben oder einem Zentimeter zufrieden. Mal ehrlich: Begnügen Sie sich immer mit einer so unvollständigen Ausbeute? Zum Beispiel, wenn Sie Gesichter, Bilder, Symbole oder Gegenstände sehen? Bestimmt nicht, denn das wäre ungefähr so, als ob Sie die Welt die ganze Zeit durch ein Schlüsselloch betrachteten. Mit dem Wort-für-Wort-Lesen engen Sie Ihren Blickfokus ohne Not auf ein absurdes Niveau ein – Ihre Augen können nämlich mehr!

Fünf Prinzipien des «erwachsenengerechten» Lesens

Die eben thematisierten drei Lesegewohnheiten sind nicht grundsätzlich schlecht. Für den Prozess des Lesenlernens waren sie sogar notwendig und hilfreich. Aber heute hindern sie uns daran, Fähigkeiten zu nutzen, die wir im Laufe der Jahre entwickelt haben. Als Erwachsene verfügen wir zumindest in unserer Muttersprache über einen umfassenden Wortschatz, den wir weitgehend automatisiert haben. Die meisten Wörter erkennen und begreifen wir unmittelbar, wir müssen sie nicht erst langwierig entschlüsseln oder zurückspringen, um sie mehrfach zu lesen. Unser Wissen und unsere Leseerfahrung begünstigen außerdem unsere Fähigkeit, Bedeutungen vorwegzunehmen: Oft genügen schon wenige Sinnsignale (aussagekräftige Wörter, Überschriften, Bilder u. Ä.), um die Aussage eines Textes zu erkennen. Außerdem ermöglichen die Augen Erwachsener umfangreichere Leistungen – denken Sie nur einmal an den gefahrvollen sogenannten Tunnelblick der Kinder im Straßenverkehr.

Diese erweiterten Fähigkeiten erlauben uns fortgeschrittene

Lesetechniken. Wir verschwenden nämlich viel Zeit und lassen intellektuelles Potenzial ungenutzt, wenn wir ein Leben lang mit Techniken lesen, die in letzter Instanz auf die Grundschule zurückgehen. Natürlich lesen Sie nicht mehr genauso wie damals, und manche der Techniken, die wir Ihnen vorstellen, praktizieren Sie wahrscheinlich im Ansatz schon. Wir sollten aber alle Möglichkeiten voll ausschöpfen, die uns Erwachsenen zur Verfügung stehen. Damit ist zum einen das rein physische Vermögen gemeint, Blickprozesse bewusst und effizient zu steuern, wozu Kinder noch nicht in der Lage sind. Zum anderen können wir auf dem Hintergrund des gestiegenen Wissens, unseres größeren Wortschatzes und Abstraktionsvermögens die Symbole schneller im Zusammenhang erfassen und ihre Bedeutung verstehen. Erwachsene sind außerdem in der Lage, bei der Texterarbeitung systematisch, d. h. auch selektiv vorzugehen, sofern sie über ein differenziertes methodisches Handwerkszeug verfügen. Deshalb sagen wir, so kurios es vielleicht klingt: Lesen lernen muss man zweimal!

Erwachsenengerechtes Lesen meint also: bessere Blickprozesse (*visueller* Aspekt), zielgerichtetes Erfassen von Bedeutungen (*inhaltlicher* Aspekt) und Einsatz von Strategien (*methodischer* Aspekt). Diese Forderungen werden durch fünf Prinzipien des effizienten Lesens verwirklicht:

- **Sinngruppen erfassen,** statt Wort für Wort zu lesen (s. Kap. II)
- **Vorwärtsorientiert lesen,** statt zurückzuspringen (s. Kap. III)
- **Dem visuellen Eindruck vertrauen,** statt alles «mithören» zu wollen (s. Kap. III)
- **Sinnsignale beachten,** statt Symbole «abzuklappern» (s. Kap. IV)
- **Flexible Lesestrategien anwenden,** statt mit gleichförmiger Technik und Geschwindigkeit zu lesen (s. Kap. V und VI)

Effizienzsteuerung durch Pausen!

Nur 10–15 Minuten kann der Mensch hochkonzentriert bei einem Thema bleiben. Aber selbst wenn Sie sich deutlich leistungsfähiger fühlen: Nach spätestens 90 Minuten ist es auch mit Ihrer Konzentration vorbei, und Ihre Energie muss wieder aufgeladen werden. Deshalb sollten Sie sich vor dem nächsten Theorieteil eine kurze Pause gönnen!

Kleine Veränderungen Ihrer angespannten Arbeitshaltung haben große Wirkung – auch im Beruf! Probieren Sie aus, welche Pausenvariante sich in Ihre Arbeit integrieren lässt:

- Schließen Sie kurz die Augen und entspannen die Gesichtsmuskulatur.

- Setzen Sie sich aufrecht hin, legen Sie eine Hand fest an die Stirn und üben Sie einen Gegendruck mit dem Kopf aus. Ebenso an den Seiten und hinten. Das stärkt die Muskulatur an der Halswirbelsäule!

- Unterbrechen Sie Ihren «Sitzmarathon» und arbeiten Sie gelegentlich an einem Stehpult: Haltungswechsel sind gut für den Rücken, und das Gehirn schaltet im Stehen 5–20 % schneller!

Fangen Sie am besten auch gleich damit an, sich Ziele zu setzen: Welche Abschnitte dieses Buchs wollen Sie im Rahmen von kompakten Konzentrationsphasen erreichen? Legen Sie danach jeweils bewusst eine kurze Pause ein. Als eine erste Möglichkeit haben wir dafür den Abschluss eines Abschnitts in Kapitel II, Seite 38 ausgewählt (kurz bevor Sie Ihren «Verstand ausschalten» können). Prüfen Sie doch einmal, ob das auch Ihr Ziel für die nächsten 10 oder 15 Minuten sein könnte.

II Sinngruppen erfassen: Vom Fingerhut zur Schaufel

Von Wörtern zu Wortgruppen durch «Weitwinkelfokus»

Lesen ist immer ein Prozess von Fixierungen. Das klingt vielleicht überraschend, denn eigentlich kommt es uns so vor, als ob das Auge beim Lesen gleichmäßig über die Zeilen gleitet, so wie ein Zug über Schienen fährt. In Wirklichkeit aber bewegen sich die Augen in Sprüngen von einer Textstelle zur nächsten. Diese Blicksprünge geschehen so schnell, dass wir sie nicht wahrnehmen. Klar und scharf sehen, d.h. lesen können wir nur, wenn das Auge anhält. (Ähnlich wie ein Foto nur dann nicht verwackelt, wenn der Apparat ruhig gehalten wird.) Eine Fixierung ist also definiert als der Ort, an dem das Auge stoppt, um Informationen aufzunehmen. Die Fixierungsdauer, d.h. die Zeitspanne, die das Auge auf einer Position verharrt, liegt im Durchschnitt bei etwa einer Viertelsekunde. Die Ausrichtung des Blickfokus entscheidet dann darüber, wie eng oder weit wir Textteile erfassen. Das Problem ist: Wir legen oft mechanisch viel zu viele derartige «Augenstopps» ein – nämlich in den meisten Fällen bei einem einzelnen Wort. Diese häufigen Blickstopps mit einem engen Fokus tragen dazu bei, dass wir erheblich zu langsam lesen. Die folgende Graphik verdeutlicht diesen kleinschrittigen Leseprozess.

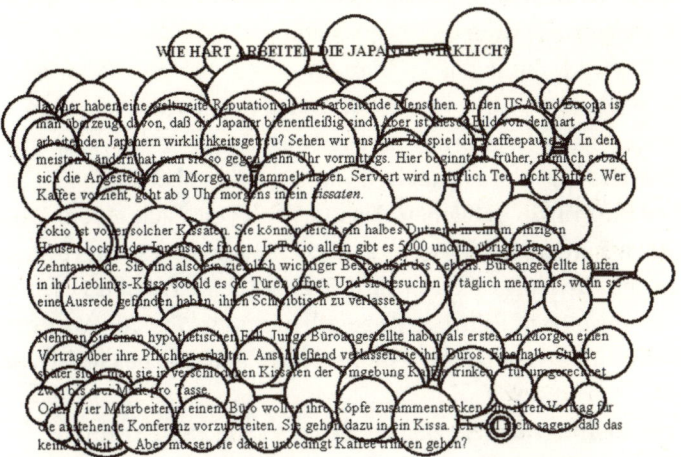

Es kann sein, daß ich den Eindruck erweckt habe, die Besucher eines Kissa seien keine harten Arbeiter. Das war nicht meine Absicht. Lassen Sie mich den Fall von Kichinai Kitano erwähnen, des am härtesten arbeitenden Zeitungsmannes, den ich kannte. Er war Chefredakteur der *Asahi Shimbun* und wurde später Direktor der *Evening-News*. In seinen Asahi-Tagen ging Herr Kitano gegen 10 Uhr morgens täglich ins Büro und blieb bis 20 Uhr abends, manchmal länger. In der *Evening-News*, die ein Nachmittagsblatt ist, erschien er gegen 5 Uhr und blieb, bis der Nachtwächter seine Schicht begann. Herr Kitano arbeitete immer hart. Aber es war seine feste Gewohnheit, zwei- oder dreimal täglich ins Kissa zu gehen.

Ob der einzelne Besucher eines Kaffeehauses nun ein harter Arbeiter ist oder nicht, sei dahingestellt. Allerdings stimmt es nachdenklich, daß Tokio 5000 dieser Kaffeehäuser hat, deren hauptsächliche Kundschaft Angestellte sind. Japaner arbeiten sicher länger, aber sicher nicht härter als Europäer und Amerikaner – das können Sie mir als einem Japaner mit nicht unbeträchtlicher Auslandserfahrung glauben. Ich frage mich also, wie wir Japaner in den Ruf gekommen sind, besonders harte Arbeiter zu sein.

Jeder Kreis zeigt einen Blickstopp über einer Textstelle an. Die Größe des Kreises entspricht der Dauer der Fixierung. Die Linien beschreiben den Blickverlauf (aufgrund der Vielzahl der Fixierungen sehen Sie nur wenige Linien). Es sind sehr viele Blickstopps mit unterschiedlich langen Fixierungszeiten zu

7 Aufnahmen der Blickbewegungen eines Kursteilnehmers zu Beginn des Kurses, vorgenommen durch Dr. Florian Kerkau, Goldmedia Custom Research GmbH, im Rahmen eines ProRead-Kurses an der Johann-Wolfgang-Goethe-Universität Frankfurt/Main im Mai 2007.

erkennen. Die Regressionen werden in diesem statischen Bild nicht deutlich, wohl aber in dem Film, der diesem Bild zugrunde liegt (siehe www.improved-reading.de).

Die Gewohnheit, jedes Wort einzeln zu fixieren, hat, wie bereits erwähnt, ihren Ursprung in der Grundschulzeit. Damals haben wir nur gelernt, die einzelnen Buchstabensymbole zu Wörtern zusammenzufassen – und genau dabei sind viele Leser im Prinzip geblieben. Das Leerzeichen nach einem Wort löst bei ihnen den fast automatischen Reflex aus, sofort zu einer neuen Fixierung anzusetzen. Was also passiert beim Lesen in einem solchen Fall? Das Auge arbeitet sich Wort für Wort vorwärts, und zwar in einem kleinen Textausschnitt beispielsweise so:

1. Fixierung: **in** (verstrichene Zeit: ca. eine Viertelsekunde)
   Diese kleine Präposition verrät Ihnen noch nicht viel vom Inhalt, außer dass eine Ortsbestimmung vorkommt. Daher gehen Sie sofort zur nächsten Fixierung über.

2. Fixierung: **der** (insgesamt verstrichene Zeit: ca. eine halbe Sekunde)
   Dieser Artikel sagt inhaltlich ebenfalls wenig aus. Sie wissen nun lediglich, dass irgendwann ein Substantiv (Hauptwort) folgen muss.

3. Fixierung: **Stadt** (insgesamt verstrichene Zeit: ca. eine Dreiviertelsekunde)
   Jetzt haben Sie (endlich!) eine sinnvolle Bedeutungseinheit beisammen: Es entsteht ein Bild oder eine bestimmte Vorstellung in Ihrem Kopf, die sich aus den drei Wörtern bzw. Symbolgruppen **in**, **der** und **Stadt** ergibt – aber nicht aus jeder einzelnen, sondern erst aus ihrem Zusammenspiel. Eine solche Aneinanderreihung von Symbolen bewirkt, dass wir einen Gedanken aufnehmen und weiterdenken. Bekannte Wörter sind bei uns abgespeichert wie Bilder und können auch in der Kombination mit anderen Wörtern als ein

zusammenhängendes Bild abgerufen werden. Besonders leicht mit einem Blick zu erfassen sind häufig vorkommende Wortverbindungen («auf der Stelle», «mit freundlichen Grüßen») – wahrscheinlich gelingt es Ihnen dort schon, und im besten Fall halten Sie es bereits für selbstverständlich. Diese Fähigkeit, mit einem Blickstopp eine größere Texteinheit aufzunehmen, sollten Sie von nun an immer nutzen (es sei denn, Sie müssen besonders schwierige Passagen oder unbekannte Wörter bewältigen).

Blickspanne – der Bereich scharfen Sehens

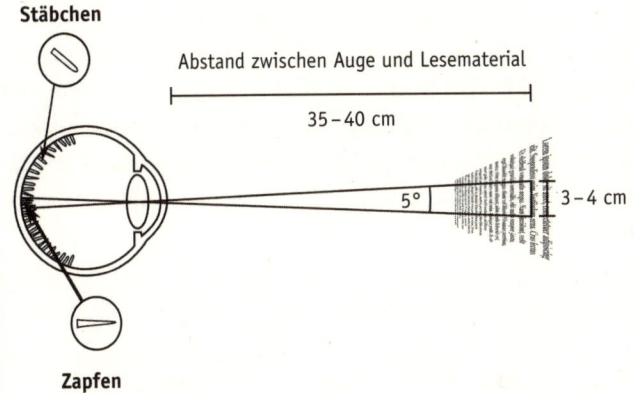

Stäbchen

Abstand zwischen Auge und Lesematerial

35 – 40 cm

5°

3 – 4 cm

Zapfen

Auf der Netzhaut befinden sich ca. 126 Mio. Sinneszellen (Rezeptoren). Genaue Worterkennung ist nur in dem sogenannten Gelben Fleck und seinem angrenzenden Bereich möglich, da dort eine sehr hohe «Zapfen»-Konzentration vorhanden ist. Außerhalb dieses Bereichs gibt es fast nur noch «Stäbchen», die jedoch viel weiter auseinanderliegen. Daher ist die Wahrnehmung hier grobrastiger und ermöglicht nur ein unscharfes Erkennen von Wörtern (peripheres Sehen).

Unsere Augen können einen ausreichend scharfen Sehbereich abdecken, der etwa einem Winkel von 5° entspricht.

Probieren Sie es aus: Bei einem Leseabstand von ungefähr 35 – 40 cm zum Text können wir im Bereich eines ovalen Kreises von ca. 3 – 4 cm Breite eine ganze Wortgruppe mit nur **einer** Fixierung klar und deutlich erkennen:

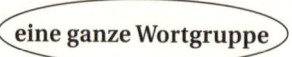

Das gleichzeitige Wahrnehmen dieser drei Wörter ist für Ihre Augen prinzipiell genauso leicht und selbstverständlich wie das Lesen einzelner Wörter.

Wenn wir nicht gerade einen Text erfassen, nutzen wir normalerweise unsere natürlich angelegte Blickspanne (eben jene 3 – 4 cm) voll aus. Nur beim Lesen engen wir uns oftmals freiwillig auf eine geradezu absurd geringe Erfassungsbreite ein – auf einzelne kleine Wörter. Als würden wir uns die Zeilen durch ein Schlüsselloch erarbeiten und das jeweilige Textumfeld mutwillig ausblenden.

Wenn Sie *nacheinander* sehen:

statt mit *einer* Fixierung:

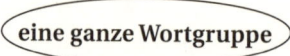

benötigen Sie nicht nur dreimal so lange; Sie haben außerdem zweimal unnötige Zeit aufgebracht für Informationen («eine», «ganze»), die erst im Zusammenhang zum Textverständnis beitragen. Damit gewinnen wir bereits einen ersten wichtigen Hinweis darauf, dass schnelleres Lesen – als Ergebnis optimierter

Blickfixierungen – nicht einfach nur Zeit spart, sondern auch ein besseres Verständnis ermöglicht. Eines der wichtigsten Rezepte für effizientes Lesen lautet daher: Schöpfen Sie Ihren Blickfokus voll aus! Überwinden Sie die künstliche Einengung auf einzelne Wörter und sehen Sie bei jedem Augenstopp gewohnheitsmäßig wenigstens zwei, wenn nicht sogar drei Wörter gleichzeitig. Lesen Sie in Wortgruppen – statt Ihren Lesehunger in homöopathischen Dosen zu stillen!

Zeitersparnis durch Wortgruppenlesen!

Hypothetische Rechnung für ein Taschenbuch von 200 Seiten:

Pro Zeile	=	ca. 9 Wörter
9 Wörter	=	3 Wortgruppen-Fixierungen
		oder
	=	9 Einzelwort-Fixierungen,
		d. h. 6 Fixierungen mehr pro Zeile!
6 Fixierungen à ¼ Sek.	=	ca. 1,5 Sek. pro Zeile
1,5 Sek. x 30 Zeilen	=	ca. 45 Sek. pro Seite
45 Sek. x 200 Seiten	=	9000 Sek. für 200 Seiten

Durch Wortgruppenlesen 2,5 Stunden gewonnen und das Gehirn sinnvoller mit Informationseinheiten versorgt!

Sie sollten diesen Prozess jedoch nicht durch allzu bewusste Anstrengungen forcieren – etwa indem Sie sich pausenlos unter Druck setzen: «Jetzt MUSS ich aber endlich in Wortgruppen lesen, wird's bald?!» Dann verkrampft man sich, sucht verzweifelt nach sinnvollen Wortgruppen, entdeckt aber keine – so ähnlich, wie Sie Ihr Handy garantiert nicht finden werden, wenn Sie es gerade dringend brauchen und in drei Minuten der Bus fährt. Man klammert sich dann bloß noch an einzelne Schlagwörter wie an Strohhalme in einem Meer von Symbolen, die man überwiegend gar nicht mehr richtig liest. Eine typische Anfängererfahrung: Die Lesegeschwindigkeit nimmt zu, aber nur deshalb, weil man gestresst durch den Text hechelt und ganz viel weglässt – und folglich sinkt oft erst einmal das Verständnis.

Entspannen Sie sich!

Wie lernen Sie das Lesen von Wortgruppen? Achten Sie zunächst lediglich darauf, dass Sie Ihren Blick *entspannen*. Verharren Sie nicht mehr bei einzelnen Wörtern, sondern folgen Sie der neuen Erkenntnis, dass Sie ebenso gut mehrere Wörter gleichzeitig sehen können – und wenn es nur zwei sind! Versuchen Sie lediglich, die mentalen und gewohnheitsbedingten Blockaden aus dem Weg zu räumen, die Sie daran hindern, sich auf die neue Technik einzustellen. Lassen Sie los, lassen Sie es entspannt zu, dass Ihre Augen ihr natürliches Potenzial ausschöpfen. Sie werden feststellen, dass Ihnen ohne eine bewusste Anstrengung die Wortgruppen allmählich *ganz von selbst* förmlich in die Augen springen.

Manchmal hilft es auch, sich eine neue Technik bildlich vorzustellen: Sie könnten sich zum Beispiel ausmalen, Ihre Textberge nicht mehr mit dem Fingerhut, sondern mit einer großen Schaufel abzutragen. Der Obsthändler zählt Ihre Kirschen auch nicht einzeln in die Tüte, sondern greift sich mehrfach eine Handvoll, während er sie abwiegt. Und wenn Sie einen Text abschreiben wollen, merken Sie sich auch jeweils mehrere Wörter auf einmal. Meist sind es solche, die eine Sinneinheit bilden, weil man sie besser im Gedächtnis behält. In zahllosen Alltagssituationen bündeln wir kleinteilige Mengen zu größeren Einheiten, die leichter zu überschauen und effizienter zu handhaben sind. Warum nicht auch beim Lesen? Schauen Sie (nach diesem Absatz) auf eins der Bilder und dann – mit dem gleichen entspannten Blickfokus – auf die darunterstehende Beschreibung. Sie können wahrscheinlich bei allen drei Bildern die zugehörige Wortgruppe ebenso problemlos *mit einem Blick* wahrnehmen wie das Bild selbst! Wechseln Sie mehrfach zwischen Bild und Wortgruppe, dann bekommen Sie ein Gefühl für Ihre Möglichkeiten.

Gruppe von Menschen   **Romantische Altstadt**   **Die Staaten Europas**

In der Menschengruppe sehen Sie nicht zuerst den vierten Fuß von links, dann den zweiten Kopf von rechts usw., sondern Sie sehen das gesamte Bild auf einmal. Genauso können Sie auch

Gruppe von Menschen

mit einem Blick erfassen – es ist nur eine Frage der Gewöhnung. Bei Bildern, Gesichtern oder Gegenständen stellt sich Ihr Auge ganz selbstverständlich auf «Weitwinkel». Deshalb wartet es förmlich darauf, dass Sie endlich auch beim Lesen Ihren normalen, vollen Sehbereich ausschöpfen! Sobald Sie den entspannten Fokus automatisiert haben, bedeutet er auch keine zusätzliche Anstrengung mehr – im Gegenteil: Hundert enge Fixierungen sind ein hundertfacher Kraftaufwand, fünfzig entspannte Fixierungen vielleicht sogar weniger als der halbe.

Wenn Ihre Augen Wortgruppen erfassen, wird Ihr Gehirn jubeln! Denn das physische Vermögen, 3–4 cm scharf zu fokussieren, bietet zugleich den Vorteil, dass Sie – beim Bild wie bei der Wortgruppe – auf Sinneinheiten stoßen, die sofort eine Vorstellung in Ihrem Kopf hervorrufen. Da das Gehirn eben lieber mit solchen Bedeutungen gefüttert werden will statt mit isolierten Einzelwörtern, sollten Sie Ihre Augen unbedingt aus der

Schlüssellochperspektive befreien! Durch das Lesen in Wortgruppen können sich Auge und Gehirn wechselseitig in einem effizienten Verständnisprozess unterstützen.

Zu viele Worte um das Thema Wortgruppen? Unsere Erfahrungen zeigen immer wieder, wie individuell unterschiedlich die Probleme und Schwierigkeiten sind, die besonders diesen Umstellungsprozess begleiten. Hier gibt es leider nicht den einen guten Tipp, der garantiert zum Erfolg führt. Aber vielleicht finden Sie Ihren persönlichen Weg, wenn Sie auch die folgenden bewährten Hilfestellungen einfach einmal durchprobieren! Eine Mathematikaufgabe zu lösen, an der man lange herumgeknobelt hat – das ist ein ähnlich gutes Gefühl!

Kleine Erinnerung

Haben Sie unsere Aufforderung berücksichtigt, nach kompakten Konzentrationsphasen Pausen einzuplanen (s. S. 29)? Wie weit wollten Sie kommen? Haben Sie Ihr Zeitziel erreicht oder gar unterboten? Wenn nicht, dann setzen Sie es im nächsten Schritt realistischer an. Es ist immer enttäuschend, wenn man seine Ziele nicht erreicht, aber bleiben Sie anspruchsvoll.

«Verstand ausschalten!»

Es soll schon Leute gegeben haben, die mit Taschenrechner und Zentimetermaß angerückt sind, um die genaue Fixierungsbreite zu ermitteln (Leseabstand multipliziert mit dem Faktor 0,0875 – doch das vergessen Sie jetzt bitte ganz schnell wieder!) und dann mit unbestechlicher Präzision festzulegen, wie viele und welche Wörter sie jetzt gleichzeitig sehen sollten. Es genügt jedoch, wenn Sie wissen, dass der Fokus breiter wird, je mehr Sie sich vom Text entfernen. Sie sollten aber noch an Ihrem Schreibtisch sitzen bleiben – etwa 35 – 40 cm Abstand zum Buch sind ideal.

Es ist ein guter Tipp, zu Beginn eines Lesetrainings den Verstand ein wenig «auszuschalten» (so der Kommentar eines erfolgreichen Kursteilnehmers) und einfach möglichst viel von selbst geschehen zu lassen. Den Verstand ausschalten? Wenn Ihnen dieser Gedanke widerstrebt, erinnern Sie sich doch einmal (jetzt wieder mit Verstand), wie Sie z. B. Schwimmen oder Zehn-Finger-Tippen gelernt haben – bestimmt nicht durch langwieriges Nachdenken, sondern fast nur durch Üben. Ins Wasser springen und einfach mit den kreisenden Armbewegungen anfangen! Das Notebook anwerfen und in die Tasten hauen! Einen Text nehmen und sich in großen Blicksprüngen mit breiter Blickausrichtung über die Zeilen bewegen! Ohne auf die Fehler und Unsicherheiten zu achten. Haben Sie Mut zur Lücke – überwinden Sie Ihren Perfektionismus! Beim Schwimmen bleiben Sie eben nahe am Beckenrand, beim Tippen werden Sie Ihre Fehler anschließend korrigieren, und für das Lesen nehmen Sie sich anfangs einen einfachen Text. Gehen Sie also nicht zu «verkopft» vor! Denken Sie nur daran: Ihre Augen sind dafür geschaffen, mehr als ein einzelnes Wort auf einmal zu sehen. (Es sei denn, Sie begegnen plötzlich einer «Herzfrequenzvariabilitätsanalyse»).

Die Steigerung Ihrer Leseeffizienz hängt wesentlich von einer Optimierung der Blickprozesse ab, also von einer motorischen Fähigkeit, die man sich in erster Linie durch Anwenden und Wieder-und-wieder-Üben antrainiert. Deshalb finden Sie auch in diesem Buch viele gleiche oder ähnliche Übungen, mit denen Sie sich an die neuen Lesetechniken gewöhnen können. Müde und lustlose Momente sind bei einem Selbststudium natürlich nur schwer zu umgehen. Daher könnte eine Bearbeitung dieses Buchs zusammen mit Freunden stärker zu kontinuierlichen Anstrengungen motivieren, die den Veränderungsprozess unterstützen – wie wir es auch im Kurs erleben.

Einerlei, was genau Sie sich «auf die Schaufel packen»:

Hauptsache, es ist (im Rahmen der zur Verfügung stehenden 3–4 cm) möglichst viel – zumindest mehr als ein einzelnes Wort. Und selbst wenn es keine Wörter wären, sondern Hieroglyphen oder …griechische Buchstaben! Gehen Sie die folgenden Zeilen einmal von oben bis unten durch und versuchen Sie, jeweils die komplette Symbolgruppe zu *sehen*, d. h. ihr Schriftbild mit einem Blickstopp zu erfassen. Sie können dabei jede einzelne Symbolgruppe mit einem Stück Papier oder mit der Hand abdecken und sie jeweils nur kurz für den Bruchteil einer Sekunde aufblitzen lassen. So stellen Sie sicher, dass Sie tatsächlich nur ein einziges Mal hinschauen, statt Ihren Blick hin- und herspringen zu lassen.

Βαλδ δαναχη

καμ εσ ζυ

δεν ερστεν Υνρυηεν

ιν δερ Σταδτ,

υνδ εσ ωαρ κλαρ,

δασσ ϖον νυν αν

νιχητσ μεηρ

βειμ Αλτεν

βλειβεν σολλτε.

Mit anderen (glücklicherweise wieder lesbaren) Worten: Es geht hier nur um das bloße *Sehen*, das gleichzeitige Wahrnehmen mehrerer Wörter mit einem einzigen Blick – zunächst unabhängig davon, ob Ihr Gehirn «mitzieht» oder nicht. Diese Übung ist kein wirkliches Lesen, trainiert aber einen wichtigen Teil des *physischen* Leseprozesses: die Blicksteuerung, die sich positiv oder negativ auf Ihr Verständnis, Ihr Lesetempo und Ihre Merkfähigkeit auswirken kann. Hier zeigt sich ein zentraler methodischer Aspekt unseres Trainings: Wir zerlegen den Leseprozess in mehrere Bestandteile, optimieren diese einzeln und setzen sie beim Lesen zusammen effizienter ein als bisher. Leistungssportler gehen ähnlich vor: Auch ein Slalomfahrer rast nicht immer nur durch die Stangen. Er sorgt für Muskelaufbau, trainiert Reaktionsgeschwindigkeit, Ausdauer und seine visuellen Fähigkeiten. In diesem Sinne ist es wichtig, das Erfassen von Symbolgruppen zunächst lediglich physisch einzuüben. Lassen Sie sich dabei bitte nicht durch «Verstehenwollen» bremsen – dann schaffen Sie die unentbehrlichen Voraussetzungen für besseres Lesen! (Um Ihnen von vornherein das Interesse am Inhalt zu verleiden, ist diese Übung noch nicht einmal in richtigem Griechisch abgefasst…)

Man könnte auch sagen: Zum Verstehen gelangen Sie über den Umweg des gepflegten Nichtverstehens. Frustrierend? Halten Sie es eine Weile aus, es wird sich lohnen! Nach und nach werden Sie nämlich feststellen, dass Sie hier und da sehr wohl schon den Inhalt vereinzelter Wortgruppen mitbekommen. Dann sehen Sie vielleicht so etwas:

Bald danach καμ

εσ ζυ δεν

ersten Unruhen ιν

δερ Σταδτ, υνδ εσ

war klar, dass ϖον

νυν αν

nichts mehr βειμ

Αλτεν βλειβεν

σολλτε.

Freuen Sie sich! Nämlich über jede einzelne Wortgruppe, die Sie nicht nur sehen, sondern auch verstehen. Das soll hier eigens betont werden, weil im Normalfall oft das Gegenteil geschieht. Vor lauter Missfallen darüber, dass der Verständnisgrad am Anfang sinkt, lässt man gar nichts mehr gelten – und behauptet einfach: «Ich verstehe nichts mehr!» Glauben Sie mir: Es ist ziemlich schwierig, wenn nicht unmöglich, wirklich *gar nichts* zu verstehen. Einige Elemente nehmen wir immer auf, und mit etwas Fehlertoleranz und Phantasie können wir oft zumindest erahnen, worum es geht. Häufig konzentrieren wir uns jedoch so sehr auf den Ärger über unsere eigene «Unfähigkeit», dass wir kleine Teilerfolge einfach gar nicht wahrhaben wollen. Seien Sie also möglichst offen für alles Neue und bleiben Sie nicht an dem kleben, womit Sie nicht zurechtgekommen sind.

Stellen Sie sich doch einmal Ihre Reaktionen vor, wenn Sie durch ein absolut dunkles Zimmer gehen und anfangs unweigerlich gegen Möbel stoßen. Entweder fangen Sie an zu fluchen, oder Sie begrüßen alle derartigen Begegnungen als positive Signale, die Ihnen allmählich zu einer ungefähren Orientierung im Raum verhelfen – auch wenn's mal wehtun sollte. Das Angenehme beim Lesen ist, dass es unter keinen Umständen wehtut (außer wenn Sie sich an einem besonders schwierigen Text die Zähne ausbeißen).

Natürlich bedingt die breite Fokussierung auch große Blicksprünge, um jeweils am Ende einer Wortgruppe neu anzusetzen. Die Augenbewegungen desselben Lesers wie auf Seite 31, jedoch nach seiner Teilnahme an einem zweitägigen ProRead-Training[8], verdeutlichen das:

8 Aufnahmen der Blickbewegungen eines Kursteilnehmers, vorgenommen durch Florian Kerkau, Goldmedia Custom Research GmbH, im Rahmen eines ProRead-Kurses an der Johann-Wolfgang-Goethe-Universität Frankfurt/Main im Mai 2007.

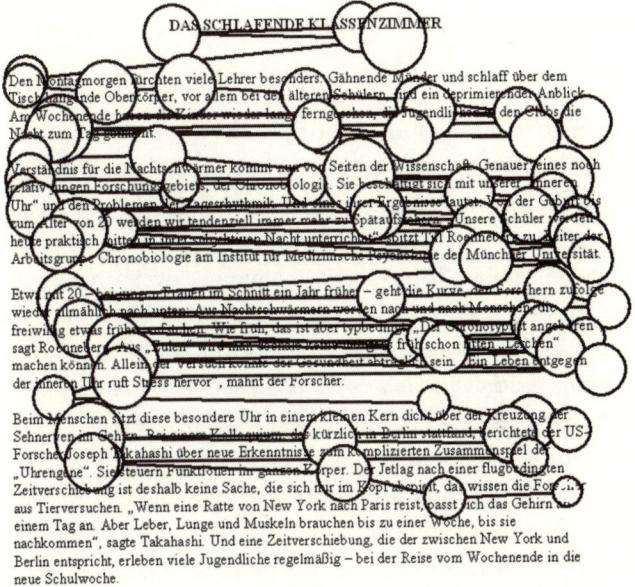

DAS SCHLAFENDE KLASSENZIMMER

Den Montagmorgen fürchten viele Lehrer besonders. Gähnende Münder und schlaff über dem Tisch hängende Oberkörper, vor allem bei den älteren Schülern, sind ein deprimierender Anblick. Am Wochenende haben ... Kinder wieder lange ferngesehen ... Jugendliche ... den Clubs die Nacht zum Tag gemacht.

Verständnis für die Nachtschwärmer kommt nun von Seiten der Wissenschaft. Genauer eines noch relativ jungen Forschungsgebiets, der Chronobiologie. Sie beschäftigt sich mit unserer inneren Uhr und den Problemen ... Tagesrhythmik ... ihrer Ergebnisse lautet: Vor der Geburt bis zum Alter von 20 werden wir tendenziell immer mehr zu Spättypen. ... Unsere Schüler werden heute praktisch mitten in ihrer biologischen Nacht unterrichtet, sagt Til Roenneberg, Leiter der Arbeitsgruppe Chronobiologie am Institut für Medizinische Psychologie der Münchner Universität.

Etwa mit 20 ... bei Frauen im Schnitt ein Jahr früher – geht die Kurve, den Forschern zufolge wieder allmählich nach unten. Aus Nachtschwärmern werden nach und nach Menschen, die freiwillig etwas früher ... Wie ..., das ist aber typbedingt ... Der Chronotyp ist angeboren, sagt Roenneberg. Aus „Eulen" wird man ... früh schon ... „Lerchen" machen können. Allein der Versuch könnte der Gesundheit abträglich sein. Ein Leben entgegen der inneren Uhr ruft Stress hervor", mahnt der Forscher.

Beim Menschen sitzt diese besondere Uhr in einem kleinen Kern dicht über der Kreuzung der Sehnerven am Gehirn. ... Kolloquium, das kürzlich in Berlin stattfand, berichtete der US-Forscher Joseph Takahashi über neue Erkenntnisse zum komplizierten Zusammenspiel der „Uhrengene". Sie steuern Funktionen im ganzen Körper. Der Jetlag nach einer flugbedingten Zeitverschiebung ist deshalb keine Sache, die sich nur im Kopf abspielt, das wissen die Fors... aus Tierversuchen. „Wenn eine Ratte von New York nach Paris reist, passt sich das Gehirn an einem Tag an. Aber Leber, Lunge und Muskeln brauchen bis zu einer Woche, bis sie nachkommen", sagte Takahashi. Und eine Zeitverschiebung, die der zwischen New York und Berlin entspricht, erleben viele Jugendliche regelmäßig – bei der Reise vom Wochenende in die neue Schulwoche.

Die wichtigste Hilfe bei der Neueintaktung ist das Tageslicht. Licht als „Zeitgeber" der inneren Uhr verliert jedoch in einer Gesellschaft an Bedeutung, die immer mehr Zeit in geschlossenen Räumen bei Tag und Nacht fast gleichen Luxzahlen verbringt. Aus Erhebungen weiß man, dass die Mehrheit der Bevölkerung heute an freien Tagen den Nachtschlaf am liebsten zwischen 0:30 und 8:30 nimmt. Nur ein kleiner Prozentsatz der Bevölkerung ist folglich um acht Uhr morgens schon topfit.

Das ist nicht sehr effektiv. Der Wissenschaftler plädiert deshalb vehement dafür, wenigstens den Unterricht nach angelsächsischem Muster erst um neun statt schon um acht beginnen zu lassen. Vor allem für Jugendliche. Schlafforscher meinen es gut. Nur eines können sie keinem abnehmen: abends rechtzeitig ins Bett zu gehen.

Die Kreise zeigen nicht die Erfassungsbreite, sondern die Fixierungsdauer, die jetzt relativ stabil ausfällt (nahezu einheitliche Kreisgrößen), während die Blicksprünge im Vergleich zum Bild auf Seite 31 viel größer geworden sind. Die breitere Fokussierung kann hier nicht dargestellt werden, ist aber zu vermuten, weil sonst das geforderte gute Textverständnis nicht möglich gewesen wäre.

Die Blickstopps sind sicherlich nicht als ideal zu bezeichnen, teilweise wohl noch etwas unbesonnen und unsicher, aber «die Richtung» stimmt. Lassen Sie sich dadurch ermutigen, ebenfalls größere Blicksprünge zu wagen!

Zwei Schritte vor und einer zurück!

Gewöhnen Sie sich an, in einem relativ gleichmäßigen und hohen Tempo Wortgruppen zu fixieren und sich dabei mehr auf Ihre Intuition zu verlassen, statt ständig bewusste Entscheidungen zu treffen. Denken Sie sich ein bis zwei senkrechte Linien, die jede Seite von oben nach unten durchziehen (je nach Größe halbieren oder dritteln sie die Seite). Dann lassen Sie Ihre Blickstopps zunächst relativ mechanisch innerhalb dieser Begrenzungen landen. Für einige Seiten könnten Sie diese Linien auch einmal einzeichnen. Versuchen Sie, in einen schwungvollen Rhythmus zu kommen (wie beim Skilaufen im Pulverschnee, nur etwas schneller), den Sie konsequent beibehalten, damit Sie sich nicht einfangen lassen von Textteilen, die Sie besser verstehen wollen.

Wenn Sie anfangs so schnell fixieren, dass Sie kaum noch etwas verstehen und sich sehr unwohl fühlen – behelfen Sie sich einfach, indem Sie nochmals um 20 % beschleunigen. Sie haben richtig gelesen! Halten Sie das konsequent fünf oder sechs Seiten lang durch und dann gehen Sie wieder auf Ihr vorheriges Lesetempo zurück. Denken Sie an den Ruderer, der zum Kraftaufbau Kniebeugen mit einer 120-Kilo-Hantel durchführt, obwohl er im Boot pro Schlag nur 40 Kilo einsetzt. Bewusste, vorübergehende Überforderung, gefolgt von einer partiellen Rücknahme – dies ist auch beim Lesetraining ein hilfreiches Prinzip. Wenn Sie durchhalten, wird sich nach und nach der diffuse Symbolsalat in Gebilde verwandeln, die Wortgruppen ähneln, wenngleich diese noch etwas verwirrend sein mögen. Das könnte dann vielleicht so aussehen:

Bald danach xxx

xx zu den ersten

Unruhen in der

Stadt, und es

xxx klar, dass von

von nun an

nichts mehr xxxx

Alten bleiben sollte.

Von Wortgruppen zu Sinngruppen: «Weitblick» schafft Durchblick!

Das Lesetraining im zweiten Praxiskapitel setzt mit rein physischen Übungen ein (Sinngruppenübungen), die den eben begonnenen Prozess vertiefen sollen. Bei dem Versuch, diese neuen Fertigkeiten in einem Text umzusetzen, werden Ihre Augen zunächst wohl ziemlich unkoordiniert und gehetzt über die Zeilen springen, und Sie werden den Inhalt höchstens ansatzweise verstehen. Erst allmählich werden Sie sich von der Orientierung an Einzelwörtern lösen und einige Wortgruppen erfassen, d. h. (zunehmend) verstehen. Aber vermutlich bleibt es vorerst stark dem Zufall überlassen, wann Sie den Sinn wirklich begreifen. Wie entsteht nun aus diesen «Glückstreffern» eine solide Lesetechnik? Hier ist die Fähigkeit erforderlich, beim Fixieren diejenigen Wörter zu erkennen, zwischen denen ein inhaltlicher Zusammenhang besteht – eine «**Sinn**gruppe». Es gibt auch hier einige Techniken, die uns beim erfolgreichen «Chunken» helfen.

Werden Sie ein «Lese-Chunkie»! [9]

Im Englischen bezeichnet man eine solche Sinngruppe auch als «chunk» (= Batzen, Brocken, Bündel). Und weil es so umständlich klingt zu sagen: «Lesen Sie in Sinngruppen!», sage ich Ihnen ganz einfach: «Chunken Sie!»

Vorausdenken und peripheres Sehen – Ihr privates Radarsystem

Wörter als Sinngruppen wahrzunehmen fällt Ihnen leichter, wenn Sie den Kontext und das Thema des Autors bewusst im Kopf behalten. Dann lassen sich die visuellen Impulse, unterstützt durch einen breiten Blickfokus, als Botschaft aufnehmen, für die man wiederum mit den nächsten Fixierungen entsprechende inhaltliche «Fortsetzungen» sucht. So baut sich allmählich ein Textverständnis auf. Sobald Sie ahnen, worauf der Autor hinauswill, ist die Auswahl der Wörter für die nächste Fixierung nicht mehr ganz so zufällig. Sie ergibt sich immer selbstverständlicher aus Ihrer Erwartungshaltung, die auf Vorwissen und dem Vertrauen in die eigene Wahrnehmungsfähigkeit basiert.

Wir verfügen im Augenbereich über eine Art «Radarsystem», das uns ermöglicht, die richtige Landeposition für unsere Blickstopps zu finden. Bisher wurde nur davon gesprochen, dass Sie einen Fokussierungsbereich von ca. 3–4 cm voll ausnutzen sollten, um mehrere Wörter gleichzeitig zu sehen. Diesen Bereich können Sie sich, wie gezeigt, als ein Oval vorstellen, in dem Sie zum Beispiel diese Sinngruppe erkennen:

kam es ⟨ zu den ersten Unruhen ⟩ in der Stadt

---

9   Überschrift eines Artikels von Henriette Knoblich über Improved Reading in FOCUS CAMPUS 9/2008.

Sie sehen «zu den ersten Unruhen» problemlos mit einem Blick, richtig!? Aber: Haben Sie wirklich **ausschließlich** «zu den ersten Unruhen» gesehen – und rechts und links war alles schwarz ...?

zu den ersten Unruhen

Natürlich nicht! Beziehungsweise: jetzt doch! Nun ist es nämlich in der Tat rechts und links schwarz – und das sehen Sie eben auch: schwarze Balken an diesen Stellen. Genauso haben Sie vorher in der näheren und ferneren Umgebung der scharf fixierten Sinngruppe zusätzlich etwas wahrgenommen, wenn auch nur vage und unscharf. Dieses Sehen im Randbereich wird «peripheres Sehen» genannt. Welche Ausdehnung es hat, können Sie mit einer einfachen Übung feststellen: Strecken Sie Ihre Arme waagerecht in beide Richtungen aus, bewegen Sie ausschließlich Ihre Hände ein wenig und schauen Sie dabei nur nach vorn. Sie erkennen gerade noch, dass sich seitlich von Ihnen irgendetwas bewegt, vermutlich Ihre Hände – sie liegen jetzt im Bereich des peripheren Sehens! Beim Sport, im Straßenverkehr oder immer dann, wenn wir uns grob im Raum orientieren müssen, wären wir ohne diese Fähigkeit sehr eingeschränkt.

Wir nutzen das periphere Sehen aber auch beim Lesen und sollten es nur noch bewusster einsetzen. Es gibt viele Gelegenheiten, bei denen Wörter oder Wortteile leicht von selbst ergänzt werden können. [10] Es ist nicht immer notwendig, sie ganz scharf zu sehen, wie hier in dem Beispiel die Wörter: «kam es».

10 «Die zweite Informationsquelle ist das periphere Sehen. Wenn an einem gegebenen Fixationsort Informationen über Merkmale der folgenden Wörter vorliegen (beispielsweise über Wortlänge und Anfangsbuchstaben), könnte dies zusammen mit kognitiven Prädikationen ausreichen, um zu «erraten», was das nächste Wort bedeutet, und es könnte übersprungen werden.» Radach, *Blickbewegungen*, 1996, S. 25.

Geschickte Leser setzen beim Zeilenrücksprung ihre neue Fixierung nicht automatisch ganz links am Zeilenbeginn an, sondern rücken gewohnheitsmäßig ein kleines Stück nach rechts, zur Mitte hin. Häufig beginnt nämlich die neue Zeile mit der zweiten Hälfte eines getrennten Wortes, die man aber gar nicht unbedingt braucht, um das Wort zu verarbeiten. Schlagen Sie ein beliebiges Buch auf und prüfen Sie, wie oft Sie die Fortsetzung eines am Zeilenende getrennten Wortes schon erahnen. So können Sie ganz bewusst die erste Fixierung auf der nächsten Zeile weiter rechts ansetzen als üblich und sich nur «peripher» vergewissern, dass Sie die richtige Ergänzung im Sinn hatten. Beispiele:

Bei seinen tägli-
Er hat einen guten Charak-
Als sie erfuh-

Effizientes Lesen heißt also auch, sich nicht ausschließlich auf vollständig und deutlich sichtbare Wörter zu verlassen. Wir beziehen darüber hinaus unser peripheres Sehen, unseren gesunden Menschenverstand und unsere Kenntnis vom Kontext aktiv mit ein. Denken Sie noch einmal daran, dass es beim Lesen nicht um jedes einzelne Symbol geht, sondern um Bedeutungen. Daher sollten wir unsere Fixierungen ruhig stärker auf das Wichtige konzentrieren. Wenn Sie das periphere Sehen nutzen, sollten Sie bei einer normalen Taschenbuchzeile (ca. 9 cm Breite) mit zwei Fixierungen auskommen = 2 x 3,5 cm plus jeweils ca. 1 cm peripheres Sehen am Anfang und in der Mitte (dies auch hier nur zum besseren Verständnis, nicht zum Nachmessen).

Interpunktion: Ein Halt in Ihrem Leben!

Eine der wichtigsten Hilfestellungen beim Erfassen von Sinn-gruppen: Orientieren Sie sich an der Interpunktion (Satzzei-chen). Wo immer ein Punkt, Komma, Gedankenstrich oder Ähnliches steht, ist eine Sinngruppe zu Ende, wie unsere Bei-spiele zeigen:

... in der Stadt, und es war klar, ...

Einen Punkt oder ein Komma können Sie übrigens bequem noch aus den Augenwinkeln wahrnehmen, d. h. mit Ihrem «peripheren Sehen». Sie erkennen dann also nur die drei Wör-ter deutlich, während das Komma im peripheren Bereich ver-schwinden darf:

es war klar,

Beachten Sie die Satzzeichen – und die Sinngruppen werden Ihnen quasi serviert! Vorausgesetzt allerdings, dass die Inter-punktion wirklich zuverlässig vorgenommen wurde – oder dass sie überhaupt vorgesehen ist. Denn leider besteht nicht jeder Text aus so schönen kurzen Satzteilen, es gibt auch durchaus längere Satzperioden ohne jede Haltestelle. Deshalb müssen wir noch nach anderen Signalen für die Sinngruppenbildung suchen.

Vertraute Wortverbindungen:
Mit alten Bekannten schnell ins Gespräch kommen

Allgemein bekannte Wortverbindungen oder Redewendungen lassen sich sehr gut mit *einem Blick* aufnehmen – etwa wie ein vertrautes Gesicht oder ein Bild, das in Ihrem Zimmer hängt. Wie viele tausend Male haben Sie zum Beispiel die folgenden Sinngruppen schon gesehen?

Bald danach   **von nun an**   **nichts mehr**

Sicher müssen Sie hier nicht mehr Wort für Wort lesen. Vielleicht erfassen Sie diese Sinngruppen sogar schon jetzt als Einheit, weil Sie die Verbindungen so gut kennen. Ein Großteil der hier vorgestellten Lesetechniken zielt ja unter anderem darauf, dass wir die durch jahrelanges Lesen erworbene Automatisierung der Symbolerfassung bewusst machen, optimal ausnutzen und verstärken.

Substantive: Rettende Bojen im Wörtermeer

Grundsätzlich bieten auch die Substantive eine spezifische Orientierung für den Leser, besonders im Deutschen, weil sie hier großgeschrieben und leicht wahrzunehmen sind. Es ist jedoch nicht sinnvoll, die Fixierung auf das Substantiv einzuengen, obwohl es einen verführerischen Leuchtturm-Charakter besitzt. Denn oftmals gehen ihm andere, meist kleinere Wörter voraus (Artikel, Präpositionen, Adjektive), die es näher bestimmen und deshalb mit ihm zusammen eine Sinngruppe bilden könnten. Stellen Sie sich das Substantiv also besser als eine große Boje vor, in deren Windschatten links ein paar Möwen auf dem Wasser treiben, die auch mit in das Bild möchten. Setzen Sie Ihre Fixierungen daher *eher links* von einem Substantiv an. In unserem Beispiel wird die unmittelbare Sinneinheit der Substantive mit den voranstehenden Wörtern deutlich:

den ersten Unruhen   **in der Stadt**   **beim Alten**

FAUSTREGEL: Ein Substantiv sollte eine Fixierung eher abschließen als einleiten. Achtung: Sie dürfen aber nicht etwa zuerst ein einzelnes Substantiv suchen und danach die Wörter in der Nachbarschaft. Nein, das Fixieren einer Wort- bzw. Sinngruppe ist ein ganzheitlicher Schritt, der mit einem einzigen Zugriff erfolgt: Sie erfassen Boje und Möwen mit einem Blick!

Bei dem Erkennen von Sinngruppen sind Sie also nicht völlig dem Zufall ausgeliefert, sondern es gibt einige Anhaltspunkte, an denen Sie sich orientieren können, die Ihnen allmählich mehr Sicherheit vermitteln und ein größeres Verständnis ermöglichen. Vollständig durchkomponierte «Vorschriften» für ein systematisches Fixieren gibt es allerdings nicht, denn es hängt nicht nur von vielen Textfaktoren, sondern auch von dem eigenen Lesevermögen ab. [11] Wenn diese zusätzlichen Hinweise Sie eher verwirren (oder wenn Sie anfangen, zu viel darüber nachzudenken), dann springen Sie lieber mit relativ konstanten, mechanischen Fixierungen über die Zeilen.

Für Sie ist letztlich nur wesentlich: Durch das Bündeln von Wörtern zu sinnvollen «Chunks» lesen Sie nicht einfach nur schneller (weil Sie seltener anhalten), sondern verstehen auch mehr – weil Sie eben stärker nach Bedeutungseinheiten suchen, anstatt Einzelsymbole «abzuhaken». Probieren Sie es zunächst mit einer kleinen Hilfestellung aus:

Bald danach	kam es zu	den ersten Unruhen
in der Stadt,	und es war klar,	dass von nun an
nichts mehr	beim Alten	bleiben sollte.

Wenn Sie damit keine Probleme haben, versuchen Sie, die gleichen Fixierungen auf die normal geschriebenen Zeilen zu übertragen:

11 Eine ausführliche wissenschaftliche Darstellung zu Start- und Landeposition von Fixationen bietet Radach, *Blickbewegungen*, 1996. Radach nimmt ebenfalls an, dass ein Lesen in kurzen Wortgruppen, d. h. die «[...] Entwicklung einer entsprechenden Fixationsstrategie [...] für die Wort- und Satzverarbeitung auf längere Sicht von Vorteil» sein könne (S. 99).

**Bald danach kam es zu den ersten Unruhen
in der Stadt, und es war klar, dass von nun an
nichts mehr beim Alten bleiben sollte.**

Im Idealfall haben Sie jetzt nicht mehr als neun Fixierungen benötigt! Aber es erfordert Zeit und Übung, bis Sie diesen Prozess sicher beherrschen.

Das war jetzt ein langer Theorieteil – schön, dass Sie ihn durchgehalten haben! Auf den Sprung in den Praxisteil bereiten wir Sie mit einer kleinen Entspannungsübung vor.

«Palmieren» Sie doch einmal!

Blättern Sie am besten nicht gleich weiter zum Praxisteil, sondern gönnen Sie Ihren Augen eine kurze Entspannung. Dafür gibt es eine sehr einfache und wirkungsvolle Übung – das «Palmieren» (auch Abschirmen genannt)[12]:
Reiben Sie die Handflächen aneinander, sodass sich Ihre Hände erwärmen und mit Energie aufladen. Schließen Sie die Augen. Legen Sie die Handflächen sanft über die geschlossenen Augen, während Ihre Finger sich auf der Stirn überkreuzen und die Handballen auf den Wangenknochen aufliegen. Die Handflächen bilden kleine Kuppeln über den geschlossenen Augen – wie Palmwedel. Es soll kein Licht einfallen. Sitzen und atmen Sie entspannt.
Beenden Sie die Übung nach etwa einer Minute, indem Sie die Handflächen von den Augen lösen und diese zunächst mit geschlossenen Lidern wieder mit dem Licht vertraut machen.

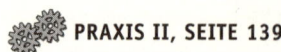 **PRAXIS II, SEITE 139**

12 Vgl. Hätscher-Rosenbauer, *Augenschule*, 2002.

III Vertrauen Sie auf Ihr (Wort-) Gedächtnis!

Regression: Doppelt hält nicht immer besser!

Am Anfang von Kapitel II haben wir geschrieben: «Lesen ist immer ein Prozess von Fixierungen.» Inzwischen ist deutlich geworden, dass Sie durch Ihr Leseverhalten diesen Prozess positiv oder negativ beeinflussen können. Eine hinderliche Gewohnheit, die ein zu häufiges Fixieren zur Folge hat, haben wir bereits erklärt: einen unnötig *eingeengten Blickfokus*. Ein weiterer Grund ist das wiederholte Lesen von Textstellen durch *ständiges Zurückspringen*. Beobachten Sie doch einmal Ihren eigenen Leseprozess oder, noch besser, die Pupillenbewegungen anderer Leser. Bewegen sich die Augen wirklich immer gleichmäßig vorwärts? Vermutlich nicht, denn oftmals neigen die Augen eher dazu, beim Lesen über die Zeilen zu «tanzen»: Sie wandern immer wieder zu Wörtern zurück, die sie kurz zuvor schon einmal gesehen haben – ohne dass Sie es bewusst gewollt haben. In Verbindung mit dem Wort-für-Wort-Lesen muten Sie Ihrem Gehirn im Extremfall etwa Folgendes zu:

Bald   danach   kam   kam   es   zu   danach
kam   den   ersten

Auch die Regression ist auf das Lesenlernen in der Grundschulzeit zurückzuführen. Damals waren wir tatsächlich darauf angewiesen, uns immer wieder zu vergewissern, ob die bereits gelesenen Satzteile noch vorhanden waren – im Kopf und auf der

Zeile. Im Alter von 16 oder 17 Jahren haben wir jedoch die meisten Wörter unserer Muttersprache vermutlich einige Millionen Mal gesehen, und unser «mentales Lexikon» (vgl. S. 26) erkennt diese Wörter fast automatisch. Dennoch haben fast alle Leser unbewusst das Zurückspringen im Text beibehalten, denn erst die Regression gibt ihnen die erleichternde Rückmeldung, dass sie wirklich nichts übersehen haben. Aber mehr auch nicht! Beobachten Sie doch einmal, welchen Informationsgewinn Ihnen diese Rücksprünge wirklich einbringen – vermutlich ist das Ergebnis nicht nennenswert.

Die ständige Regression kostet Sie nicht nur viel Zeit (schließlich dauert jede Fixierung im Durchschnitt eine Viertelsekunde), sondern Sie werfen damit zusätzlich dauernd die Logik des Textes durcheinander. Sie nehmen die Informationen nicht in dem Sinne auf, wie der Autor sie angeordnet hat, sondern Sie stiften ein ganz schönes Durcheinander, das Ihr Gehirn aufwendig wieder sortieren muss. Ein weiterer negativer Effekt: Wenn es eine bereits bekannte Information noch einmal sieht, langweilt sich das Gehirn und schaltet herunter in eine Art Standby-Modus – und unter Umständen verpassen Sie dann wirklich etwas Wichtiges.

Versuchen Sie daher, sich beim Lesen konsequent nach vorn zu orientieren. Übrigens beherrschen Sie diese Technik bestimmt schon, etwa bei einem besonders spannenden Roman – vermutlich werden Sie hier kaum freiwillig zurückspringen. Sobald wir hingegen Fachliteratur lesen, lassen sich die meisten viel eher von ihren Unsicherheiten leiten als von ihrem Interesse und springen dann sehr häufig zurück. Eigentlich schade, oder!? Probieren Sie doch einmal bei *allen* Texten eine neugierig-interessierte Lesehaltung aus, die Sie wie ein Sog nach vorne zieht. Auch langweilige Texte können allein dadurch interessant werden, dass man mit ihrer Hilfe neue Techniken ausprobiert – z. B. eben Lesen ohne Regressionen.

Bauchgrummeln einprogrammiert

Machen Sie sich darauf gefasst, dass Sie sich ohne Zurückspringen zunächst unwohl fühlen werden. Gut möglich, dass Sie ein unerfreuliches Grummeln in der Bauchgegend spüren, weil Sie befürchten, es sei Ihnen garantiert irgendetwas Wichtiges entgangen – schließlich kontrollieren Sie sich jetzt nicht mehr ständig. Möglicherweise veranlasst Sie dieses Gefühl dazu, sich unentwegt die schlimmsten Versäumnisse vorzustellen. Dann kann es schnell passieren, dass Sie die neuen Inhalte tatsächlich verpassen, weil Ihre Gedanken woanders sind als Ihre Augen. Vielleicht schwirren auch lauter mutlose Sätze durch Ihren Kopf («Ich verstehe nichts mehr!», «Ich kann das nicht!», «Es klappt nicht!»), die das Textverständnis endgültig sabotieren.

Kalkulieren Sie diese Anfangsschwierigkeiten mit ein und betrachten Sie Ihre «Niederlagen» entspannt und mit Humor! Und was wird der ängstliche Perfektionist sagen, der in Ihrem Inneren auf der Regression beharrt? Dem stürmen Sie jetzt einfach davon, immer der Logik des Textes entlang. Bleiben Sie dabei möglichst offen für alle hinzukommenden Textelemente und versuchen Sie bitte, keinesfalls an Stellen «festzukleben», die Sie nicht verstanden haben. Denn sonst stehen Sie schnell in der Baustelle Ihres künftigen (Gedanken-)Gebäudes und verlieren sich mehr in den zahlreichen Einzelproblemen – den schiefen Wänden, dem halbfertigen Fußboden, den verspäteten Handwerkern –, statt an das fertige Traumhaus (Ihr Leseziel) zu denken.

Zwei Faktoren werden Ihnen auf jeden Fall helfen: erstens der Kontext und zweitens ebenfalls der Kontext. Wenn Sie nämlich wirklich einmal etwas verpasst haben sollten, hilft Ihnen meist der Zusammenhang dabei, die fehlenden Inhalte selbst zu ergänzen. Und nicht selten werden einmal genannte Informationen im weiteren Verlauf des Textes direkt oder mit anderen Worten wiederholt (wie bei uns ...).

Verwechseln Sie die hier beschriebene, unabsichtliche Form des Zurückspringens jedoch nicht mit der *absichtlichen Regression*, die Sie bewusst vollziehen und von der es im Prinzip zwei Arten gibt – eine gute und eine schlechte. Die erste Variante besteht darin, Passagen unter anderen Gesichtspunkten bewusst erneut zu lesen. Das kann z. B. der Fall sein, wenn komplizierte oder ungewöhnliche Satzkonstruktionen auftauchen oder eine aktuelle Information nicht zu Ihrem bisherigen Textverständnis passt. Doch auch hier ist es meistens sinnvoll, zunächst den Absatz oder das Kapitel zu Ende zu lesen und dann erst zurückzugehen. Wenn Sie der Gedanke an die Unklarheit aber zu sehr gefangen hält, entscheiden Sie sich besser sofort für die bewusste Wiederholung.

Die schlechte, unproduktive Variante erleben Sie wahrscheinlich ständig. Sie fangen an, einen Text zu lesen und nach kurzer Zeit schweifen Ihre Gedanken ab – entweder zu anderen Themen («Was esse ich denn heute Mittag?») oder Sie reflektieren intensiv die Aussagen des Autors («Stimmt das denn?»). Konsequenz: Sie müssen alles noch einmal lesen, weil Sie einfach gar nichts aufgenommen bzw. behalten haben. Warum? Das wissen Sie inzwischen schon: Weil Sie zu langsam lesen! Ihr Gehirn hat genügend Kapazitätsreserven, um «nebenher» auch noch an ganz andere spannende (oder banale) Dinge zu denken (vgl. Kap. I). Schnelleres Lesen ohne Regression – mit den richtigen Blickprozessen – ermöglicht es Ihnen, beim Lesen wirklich nur mit Lesen beschäftigt zu sein.

Was machen schlechte Leser falsch und gute Leser richtig?

Ein Vergleich der Augenbewegungen von drei Lesern mit unterschiedlichen Lesefähigkeiten verdeutlicht typische Fehler (bei Leser A und B): zu viele Blickstopps und zu häufige Rücksprünge. Leser C hingegen weist weniger Fixierungen und nur eine einzige Regression auf.

Erläuterung: Jeder Strich stellt einen Stopp der Augenbewegungen dar, d. h. eine Fixierung. Die Zahlen geben die Reihenfolge der Blicksprünge an. Rechts steht die Lesezeit pro Zeile (in Sekunden und Bruchteilen einer halben Sekunde). [13]

		Sekunden
	1 2 3 5 4 7 6 8 11 13 9 12 15 10 14 16 20 17 18 26 19 21 22 25 24 23 I I I I I I I I I I I I I I I I I I I I I I I I I nearly a thousand adults from all walks of life, with no	7 17/30
Leser A	3 4 7 8 5 19 14 10 6 2 15 16 11 12 13 19 17 18 20 25 21 22 26 24 23 I I I I I I II I I I I I I I I I I I I I I I I I I I qualifications in common but that of having left school ten	7 07/30
	2 3 4 9 5 6 8 7 13 12 11 10 14 11 15 17 18 16 19 20 21 23 22 25 26 24 27 I I II I I I II II I II I I I I I I I I I I I I I I years or more previously, were each asked to read some short	7 21/30
	1 3 2 4 5 6 7 9 8 10 I I I I · I I I I I nearly a thousand adults from all walks of life, with no	2 19/30
Leser B	5 1 3 2 4 6 7 9 8 10 11 I I I I I I I I I I I qualifications in common but that of having left school ten	2 29/30
	2 3 5 1 6 7 4 8 9 10 13 11 12 I I I I I I I I I I I I I years or more previously, were each asked to read some short	3 27/30
	1 2 3 4 5 I I I I I nearly a thousand adults from all walks of life, with no	27/30
Leser C	1 2 3 4 I I I I qualifications in common but that of having left school ten	26/30
	2 · 1 3 4 5 I I I I I years or more previously, were each asked to read some short	1 04/30

LESER A   sehr langsamer Leser (weniger als 150 WpM)
LESER B   durchschnittlicher Leser (200 bis 220 WpM)
LESER C   sehr guter Leser (550 bis 600 WpM)

13 Dieser Test wurde im Jahr 1936 von Professor Guy Buswell, Chicago University, durchgeführt und ist in seinem Buch *«How Adults Read»* beschrieben.

Der *Blickfokus* ist natürlich nicht auf den einzelnen Strich beschränkt, sondern deckt immer einen ovalen Bereich ab, der auch Textteile der darüber- und darunterliegenden Zeilen mit erfasst. Wichtig ist aber, die Konzentration auf die Zeile auszurichten, die im Textfluss liegt. Die Vermengung mit den anderen Inhalten wäre zu verwirrend.

Die *Blickfolge* verläuft immer in Sprüngen (Sakkaden). Durchschnittliche Leser erleben diese Bewegung aber nicht bewusst, da sie in kleinen Abständen (und enger Fokussierung) erfolgt. Zur Ausnutzung der möglichen Fokussierungsbreite sind größere Blicksprünge erforderlich, an die sich die Augenmuskeln erst gewöhnen müssen.

Lorem ipsum dolor sit amet, consectetuer adipiscing elit. Sed magna ante, suscipit at, ullamcorper vitae, auctor quis, dui. Sed a neque. Integer rhoncus imperdiet augue. Vestibulum a mauris ac enim venenatis elementum. Proin mauris. Morbi interdum felis ut nibh. Vivamus risus. Nam eu sapien. Praesent vehicula mauris sit amet

Unabhängig von der Größe der Sprünge ist die Dauer der Sakkaden (15–30 Millisekunden) ungefähr immer gleich und kann auch nicht verkürzt werden. Diese Zeit braucht das Gehirn zur Verarbeitung der fixierten, d. h. gelesenen Textstellen. Da auch die Dauer der Fixierungen bei einem guten Leser relativ einheitlich ist (unabhängig von der Fokussierungsbreite), bringt das Lesen in Sinngruppen ausschließlich Vorteile für ein effizienteres Lesen. Es ist daher zweckmäßig, diese veränderten Augenbewegungen zu trainieren, um sie als genauso normal zu empfinden wie die bisherigen Bewegungen. Auch dazu dienen die gesamten Übungen im Praxisteil.

Die Stimme im Ohr bändigen

Damals, als wir lesen lernten, haben wir selbstverständlich *laut* gelesen. Dabei waren wir umständlich damit beschäftigt, alle Buchstabensymbole mühselig in einzelne Laute zu übersetzen. Mit etwas Glück haben wir am Ende auch noch ein bisschen von der Bedeutung verstanden, die sich hinter diesen Schrift- und Lautsymbolen verbirgt. Nur durch unser lautes Lesen konnten unsere Lehrer oder Eltern überhaupt wissen, dass wir zu lesen imstande waren. Aber als wir in hinreichendem Ausmaß dafür Beweise geliefert hatten, hieß es: «Jetzt bitte leise lesen!» «Leise» bedeutete aber noch lange nicht «stumm»: Bei vielen Menschen bleibt das Leseverhalten von einem leisen Mitmurmeln geprägt. Wenn Sie in der U-Bahn oder in der Bibliothek andere Menschen beim Lesen beobachten, wird es Ihnen bisweilen auffallen, wie sich bei manchen die Lippen ständig mitbewegen.

Bei jeder Form des Mitsprechens und bei allen physischen Begleitbewegungen (Gaumen, Kehlkopf, Atmung) binden wir aber die Lesegeschwindigkeit an unsere Sprechgeschwindigkeit. Diese liegt im Allgemeinen bei mageren 180–200 Wörtern pro Minute. Versuchen Sie doch einmal, so richtig schnell zu sprechen: Irgendwann wird sich Ihre Zunge verknoten, und Sie sind trotzdem noch nicht weit über 300 Wörter pro Minute hinausgekommen. Die physische Grenze für das Sprechen ist damit einfach erreicht. Durch die Angewohnheit des Mitsprechens beim Lesen «deckeln» Sie also Ihre Lesegeschwindigkeit, obwohl Ihre Augen und Ihr Verstand weit mehr leisten könnten. Der Konzentration auf den Textinhalt dient es im Allgemeinen auch nicht. Mütter oder Väter, die ihren Kindern vorlesen und dabei ohne Schwierigkeiten gleichzeitig an die bevorstehende Steuererklärung denken können, wissen, was ich meine.

Spätestens jetzt merken Sie, dass es etwas anderes ist, die Bedeutung eines Textes zu verstehen, als einzelne Symbole in einen lauten Leseprozess zu übertragen. Die Buchstabensymbole sind nur die Krücken, die uns zur Bedeutung hinführen können. Wenn wir ihnen aber durch lautes Vorsprechen zu großen Raum gewähren, dann behindern wir uns selbst in unserem Verständnis. Falls solche Relikte des stimmhaften Lesens bei Ihnen überhaupt noch vorhanden sind: Stellen Sie sie möglichst vollständig ab! (Nebenbei: Das Mitsprechen kommt sogar bei ausgewiesenen Literaturexperten vor. Und keine Sorge, wir wollen Ihnen nicht die Freude nehmen, sich die gelungenen Sprachschöpfungen in Ihrem Lieblingsroman oder -gedicht laut deklamierend vorzutragen ...)

Eine wichtige Rolle aber spielt fast ausnahmslos bei jedem erwachsenen Leser das *Mithören*, das nur in seinem Kopf stattfindet. Irgendwann haben wir nämlich angefangen, das laute Lesen zu verinnerlichen, d. h. in unseren Kopf hineinzuverlagern. Zunge und Lippen wurden abgelöst durch einen «kleinen Mann» bzw. die Stimme im Ohr, die uns unentwegt – im Kopf – alle Wörter vorspricht, die wir lesen. Ähnlich wie das laute Mitsprechen kommt auch diese Gewohnheit dem Autofahren mit angezogener Handbremse gleich: Die gedruckten Symbole werden komplett durch den Flaschenhals der (mentalen) Verlautlichung gezwängt, die in dieser Vollständigkeit für das Erkennen der Bedeutung nicht notwendig ist. Für die Wahrnehmung der wesentlichen Aussagen ist sie sogar hinderlich, weil auf diese Weise keine Schwerpunktbildung erfolgen kann: Jedes Wort «hören» zu wollen heißt, jedem Wort das gleiche Gewicht zu geben.

Reduzieren, nicht abschaffen!

Doch versuchen Sie jetzt bitte nicht, mit aller Macht das innere Mithören zu unterdrücken. Der vollständige Verzicht darauf hätte nämlich nicht nur positive Effekte. Für ein gutes Verständnis sind wir gelegentlich darauf angewiesen, einen Teil des Textes mitzuhören – wie viel genau, ist individuell sehr verschieden. Probieren Sie es aus, erleben Sie selbst, wie weit Sie damit kommen, aber quälen Sie sich nicht. Seien Sie nicht zu streng mit dem «kleinen Mann» oder der Stimme. Sonst rächen sie sich in den unpassendsten Momenten mit Verständniseinbußen. Es ist günstig, die innere Stimme beim Lesen allmählich «ruhiger» werden zu lassen, aber Sie können und sollten sie nicht völlig abschaffen. Einzelne Wörter, z. B. neue/unbekannte oder besonders schwierige Fremdwörter sollten Sie immer mental mitsprechen, um ihre Verfestigung im Gehirn zu unterstützen. Von den sinngebenden Wörtern sprechen/hören Sie so viele mit, wie Sie es für notwendig halten – mit der Tendenz, deren Anteil weiter zu senken. Erleben Sie einfach, wie sich mit steigender Geschwindigkeit ganz von selbst eine kontinuierliche Verbesserung ergibt.

Die *Reduzierung* des Mithörens (nicht der völlige Verzicht darauf!) ist vielleicht die Technik, die gerade langjährig geübte Leser am schwersten akzeptieren können. Vielleicht hilft es Ihnen, sich bewusst zu machen, dass die meisten Wahrnehmungsprozesse in Ihrem Leben über «unmittelbares Verstehen» ablaufen, d. h. ohne das Aussprechen von Wörtern. Natürlich ist dies leichter, wenn die Bedeutung eines Gegenstands sich konkret vor Ihnen befindet (Tisch, Stuhl, Auto) und Sie nicht erst ein Zeichen dekodieren und in Sprache übersetzen müssen. Aber andererseits gibt es doch in Ihrem täglichen Leben viele Zeichen, die Sie mit Sicherheit unmittelbar verstehen – bestes Beispiel: Verkehrszeichen.

Sie «hören» doch nicht die dahinter stehenden Aussagen,
oder!?

Wenn Sie im letzten Augenblick nach dem Überholen eines
LKWs auf der Autobahn Entfernungsanzeigen sehen,

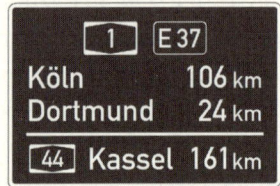

dann orientieren Sie sich doch immer am Schriftbild des gewünschten Zielortes, das Sie vor Ihrem geistigen Auge haben.
Sie versuchen, auf der Anzeigetafel schnell das Wort zu identifizieren, das diesem Bild ungefähr entspricht, und dann können
Sie die Ortsnamen gar nicht mehr «mithören», richtig? Dennoch erhalten Sie die Antwort auf genau die Frage, die Sie im
Kopf hatten.

Müssen Sie allen Ernstes das Wort «Stop» auf dem Stopp-
schild «hören», bevor Sie auf die Bremse treten? Ich wünsche
es Ihnen nicht! Sie sehen dieses Symbol und verstehen es unmittelbar, weil Sie es ganz einfach schon eine Million Mal gesehen haben – genauso übrigens wie zahlreiche Piktogramme,
Werbelogos, Währungssymbole usw. Weil Sie durch zahllose
Wiederholungen die Wahrnehmung dieser Zeichen vollständig

automatisiert haben, können Sie hier praktisch denselben «Unmittelbarkeits»-Effekt erzielen wie bei realen Gegenständen.

Und wie sieht es beim Lesen aus Fragezeichen Auch hier gibt es eine Reihe von Symbolen Komma die Sie schon jetzt unmittelbar verstehen Komma indem Sie sie einfach nur sehen Punkt Was ist gemeint Fragezeichen Natürlich die Satzzeichen Ausrufezeichen Die haben Sie noch nicht einmal in der Grundschule mitgesprochen Komma weder laut noch innerlich Ausrufezeichen Hören wir lieber schnell auf damit, weil das wirklich sehr unpraktisch ist. Vielleicht fanden Sie die Satzzeichen noch nie so elegant wie gerade jetzt.

Glücklicherweise konnten Sie mit den Satzzeichen schon immer so effizient umgehen, sonst würde das Lesen doppelt so lange dauern. Jetzt übertragen Sie dieses unmittelbare «Verstehen, ohne zu hören» auf eine bestimmte Art von Wörtern (nicht auf alle!): Es gibt im Deutschen eine Gruppe von etwa fünfzig Wörtern, die in dem gesamten Schriftmaterial ein Drittel der Textmenge repräsentieren. Theoretisch gesagt: Jedes dritte Wort, das Sie lesen, ist eines aus dieser Gruppe von genau fünfzig. Wir nennen sie Arbeitspferdwörter, weil sie so häufig eingesetzt werden: Artikelformen (der, die, das, den, des, dem, ein, eine, einer …), Konjunktionen (und, oder, dass …), Präpositionen (in, von, zu, mit, für, in, auf …), aber auch bestimmte Verben (z. B. «sein» in verschiedenen Beugungen), einige Personalpronomina (er, sie, es), Verneinungen und andere kleine Wörter, die Ihnen ganz vertraut sind.

Die 50 häufigsten Wörter in deutschen Texten

(= 33 % des gesamten Schriftmaterials)

die	für	auch	bei	über
der	im	es	wird	einen
und	ist	an	einer	zum
in	auf	aus	um	nur
den	des	sie	wie	war
von	nicht	werden	dass	so
zu	dem	er	sind	haben
mit	ein	hat	noch	aber
das	eine	nach	vor	bis
sich	als	am	einem	oder

Diese 50 Wörter sieht man im Durchschnitt 3 Millionen Mal pro Jahr: 200 Wörter pro Minute x 2 Stunden pro Tag = 24 000 Wörter pro Tag, davon $1/3$, d. h. Anteil dieser Gruppe = 8000 x pro Tag = 2 920 000 x pro Jahr.

Quelle: Institut für Deutsche Sprache, Mannheim

Schon wenn Sie diese «Arbeitspferdwörter» nicht mehr mental mitsprechen, reduzieren Sie die negativen Auswirkungen des Subvokalisierens bereits um ein Drittel. Später nehmen Sie kontinuierlich zusätzliche Wörter in Ihren rein visuellen Erfassungsprozess auf. Bei dem folgenden Praxisteil bieten sich dafür schon die ersten Chancen.

 **PRAXIS III, SEITE 173**

IV Sinnsignale erkennen oder: Her mit der Aussage!

Bisher haben wir uns vor allem mit den Aktivitäten der Augen beim Lesen beschäftigt (mehrere Wörter zugleich sehen, peripheres Sehen nutzen, Vorwärtsorientierung). Die Konzentration auf die visuellen Möglichkeiten ist besonders wichtig, weil die physischen Aspekte des Lesens oft vernachlässigt werden. Gerade in Deutschland gibt es eine starke Tradition, Lesen als einen rein geistigen Vorgang zu betrachten – die Blickprozesse selbst geraten dabei schnell «aus dem Blick». Leider wird deshalb oft von mangelnder Lesefähigkeit auf mangelnde Intelligenz geschlossen. Dabei wird nicht bedacht, dass wir unser intellektuelles Potenzial vielfach nur deswegen nicht ausschöpfen können, weil uns die falschen Blickprozesse im Weg stehen.

Aber in diesem Kapitel wollen auch wir die im engeren Sinne «geistigen» (kognitiven) Voraussetzungen für einen effizienten Leseprozess ansprechen. Dazu zählt vor allem die Entschlossenheit, nach den wesentlichen Botschaften eines Textes zu suchen und nur gezielt Details zu berücksichtigen. Vielleicht haben Sie sich ja längst auf diesen Weg begeben und widmen bereits bei Ihrem jetzigen Lesen nicht allen Symbolen dieselbe Aufmerksamkeit, sondern differenzieren Ihrem Interesse entsprechend. Aber erkennen Sie wirklich schnell genug die Informationen, die Sie in dem jeweiligen Moment brauchen? Lassen Sie sich nicht auch in Textteile hineinziehen, in denen Sie keine Unterstützung für Ihre Suche erhalten? Eine stärkere Differenzierung Ihrer Aufmerksamkeit setzt riesige Potenziale frei, schneller zu lesen und sich von dem Ballast eines Textes zu befreien. Wir haben drei Ziele: Wir wollen den Wald als Ganzes wahrnehmen, zugleich die schönsten Bäume sehen und nicht über jedes Wurzelgeflecht stolpern. Bei der Verwirklichung dieser Wünsche hilft uns das Ausrichten auf sogenannte Sinnsignale.

Was sind Sinnsignale? Stellen Sie sich einfach vor, wie Sie morgens die Zeitung durchblättern, wenn Sie etwas unter Zeitdruck sind. Sie werden sicherlich nicht alle verfügbaren Symbole abgrasen, sondern Sie orientieren sich ganz automatisch an den Sinnsignalen, also z. B. an Bildern, Graphiken, Überschriften, fettgedruckten Absätzen, herausgehobenen Zitaten und ähnlichen Hinweisen. Bei einigen Stellen bleiben Sie stehen, weil das Thema Sie interessiert. Dort gehen Sie in die Tiefe und holen sich weitere Sinnsignale. In dem vollständigen Text steckt dann quasi in jeder Sinngruppe, die Sie fixieren, zumindest ein aussagekräftiges Wort, also ein Sinnsignal, das Sie für ein schnelles Verstehen benötigen. Diese Orientierung an Sinnsignalen auf unterschiedlichen Ebenen ist ein gezielter, zügiger Auswahlprozess, durch den Sie in großer Breite bereits einen Eindruck von dem Geschehen auf der Welt erhalten. Sie lesen gar nicht richtig, verschaffen sich aber trotzdem einen guten Überblick über die aktuellen Ereignisse.

Sinnsignale transportieren die Botschaften des Autors, denen wir gleichzeitig entnehmen, ob etwas für uns wichtig ist. Fixieren Sie auch nicht unnötig lange die Stellen, bei denen Sie die Botschaft schon erahnen – «nur mit den Augen streifen» ist vielleicht das passende Bild dafür. Wenn man den Sinn bereits verstanden hat, braucht man nicht aus reinem Pflichtgefühl zusätzlich Text zu fixieren oder gar zu subvokalisieren. Vertrauen Sie darauf, dass Ihr Gehirn ständig versucht, aus dem Kontext bzw. schon aus wenigen Sinnsignalen auf die Aussage zu schließen. Schauen Sie sich beispielsweise den folgenden Satz an:

Am Tag vor der Prüfung saßen die Studenten in der B…

Sie ahnen vermutlich schon, wie es weitergehen soll. Wenn Sie nach dem «B» ein «i» erkennen, bestärkt sich Ihre Vermutung, und wenn Sie peripher schon «Bib» wahrnehmen, wissen Sie, dass es mit dem Wort «Bibliothek» weitergehen muss – oder hatten Sie zuerst an eine Bierbar gedacht?

Angenommen, Sie würden hören, wie jemand stichwortartig nur die Sinnsignale eines Textausschnitts vorliest – vermutlich könnten Sie den Sinn zumindest erahnen, wenn Sie kreativ mitdenken. An dem folgenden Beispiel können Sie etwas Ähnliches selbst ausprobieren. Ihre Phantasie wird den Zusammenhang wahrscheinlich selbständig herstellen:

Studie	hohes Lesetempo	glücklicher fühlten
Inhalt	keinen Einfluss	Psychologen
Mittel	Behandlung	Depressionen

Sie haben schon eine Idee von der Aussage, sind sich aber noch nicht ganz sicher? Lassen Sie sich doch ruhig auf Vermutungen ein. Erst danach lesen Sie bitte die «Auflösung» im nächsten Absatz durch. Normalerweise haben Sie ja komplette Texte vor sich, bei denen Sie bereits in das Thema eingestimmt sind und durch wenige Sinnsignale selbständig weiterdenken. Wenn Sie sich den folgenden Satz durchlesen – können Sie sich im Nachhinein vorstellen, dass Sie die genannten Sinnsignale zumindest im Kontext richtig gedeutet hätten?

«Eine amerikanische psychologische **Studie** aus dem Jahr 2006 hat zu einer überraschenden Erkenntnis geführt: Ein **hohes Lesetempo** führte bei den Teilnehmern dazu, dass sie sich **glücklicher fühlten**. Der **Inhalt** des Textes – ob traurig oder fröhlich – hatte auf diesen Effekt erstaunlicherweise **keinen**

Einfluss. Die **Psychologen** sehen darin ein mögliches **Mittel** zur **Behandlung** von **Depressionen.**»[14]

Sie haben jetzt zwar zusätzliche Informationen erhalten, aber die Erkenntnis, dass schnelles Lesen glücklich macht, hatten Sie doch schon vorher verstanden, oder? Die hinzugekommenen Wörter sind eben keine notwendigen Sinnsignale für die Kerninformation. Wir sollten sie zwar auch sehen (natürlich in Sinngruppen), ihnen aber gedanklich weniger Aufmerksamkeit schenken als den wichtigen Wörtern. Sie können vielfach davon ausgehen, dass Ihr Gehirn zahlreiche «Sinnlücken» von selbst ergänzt. Lassen Sie sich auch nicht gleich verunsichern, wenn ein Text mit vielen Fremdwörtern vor Ihnen liegt (oder in einer Fremdsprache, von der Sie mehrere Vokabeln nicht kennen). Denken Sie einfach aktiv mit, orientieren Sie sich an den bekannten Sinnsignalen und versuchen Sie erst einmal, sich das Fehlende zu erschließen. Lassen Sie sich durch die Sinnsignale inspirieren, entwickeln Sie Ideen zur Kernaussage, bauen Sie Erwartungshaltungen auf und setzen Sie die Bausteine zu einem stimmigen Gebäude zusammen.

Wie macht sich ein Sinnsignal bemerkbar?

Achten Sie vor allem auf Substantive (Hauptwörter) und Verben (Tätigkeitswörter). Eine Faustregel lautet: Je länger ein Wort ist, desto wichtiger ist es vermutlich. Dies gilt gerade für die deutsche Sprache mit ihren unbegrenzten Möglichkeiten, Komposita (zusammengesetzte Wörter) zu bilden. Denken Sie an die «Herzfrequenzvariabilitätsanalyse» – sicher in jedem denkbaren Zusammenhang ein wichtiges «Leuchtturm»-Wort. In unserem oben genannten Beispiel

14 Pronin/Wegner, *Manic Thinking*, 2006.

wäre wahrscheinlich das Wort «Stadt» das bedeutungstragende Sinnsignal, auf das Sie Ihre gedankliche Aufmerksamkeit richten. Aber Vorsicht: Es darf nicht darauf hinauslaufen, dass Sie jetzt lediglich ein paar Schlüsselwörter aus dem Text herausfiltern, hier also das Wort «Stadt», und dann doch wieder nur einzelne Wörter lesen! Vielmehr sollen alle drei Wörter zusammen gesehen werden – «in der Stadt» –, auch wenn Sie sich gedanklich auf das Substantiv konzentrieren. Daher trennen Sie nicht zwischen dem, was Sie sehen (Wort- bzw. Sinngruppen), und dem, was Sie zugleich als gedanklichen Impuls aufnehmen (Sinnsignale). Beide Vorgänge verstärken sich wechselseitig und bewirken den schnellsten und besten Zugang zu den Aussagen. Unsere Empfehlung, wie sich ein vollständiges Textverständnis in effizienter Weise erreichen lässt, fassen wir in folgender Formel zusammen:

Sinngruppen sehen («chunken»)
+ Sinnsignale beachten
= effizientes Textverstehen

Effizientes Lesen ist also augen- und gehirngerechtes Lesen, und das heißt: *Gedanken statt Symbole lesen* («Reading for meaning»). Vielleicht wird die Struktur dieser Suche nach Gedanken durch ein konkretes Beispiel deutlicher, und zwar aus der umgekehrten Perspektive des Schreibens: Angenommen, Sie verfassen eine E-Mail an einen guten Freund. Womit fangen Sie an? Bestimmt nicht damit, dass Sie einzelne Buchstaben und Wörter aneinanderreihen – etwa so wie beim Scrabblespielen. Stattdessen haben Sie zwei oder drei *Gedanken* im Kopf, aus denen sich im Prozess des Schreibens wenige Kernbegriffe herauskristallisieren. Dies sind die Sinnsignale, um die Sie dann weitere Wörter herumranken und mit denen Sie vollständige, wohlformulierte Sätze bilden. Lesen heißt also einfach nur, zu den Ausgangsgedanken des Autors zurückzukehren – gemeint ist ein aktiver Suchprozess, nicht ein passives «Sich-berieseln-Lassen». Orientieren Sie sich konsequent an den vom Autor verwendeten Sinnsignalen und behalten Sie stets seine Botschaft im Blick. Letztlich ausschlaggebend für die Bestimmung der Frage, was in dem jeweils vorliegenden Text Sinnsignale für Sie sein könnten und wie viele Sie benötigen, sind jedoch Ihre eigenen Ziele und Fragestellungen. Diese ergeben sich zwar aus Ihren Aufgaben und Interessen, aber Sie sollten sie durch eine sogenannte Vorausschau vertiefen, die den Gegenstand des nächsten Kapitels bildet. Zunächst arbeiten Sie aber bitte im folgenden Praxisteil an Ihren Lesegewohnheiten.

 **PRAXIS IV, SEITE 193**

V Springen Sie nicht kopfüber in unbekannte Gewässer!

Vorausschau spart Zeit und Kraft

Am Beginn unseres Lesetrainings steht die Konzentration auf Blickprozesse, unabhängig vom Inhalt. Sie lernen, zielsicher und effizient zu fokussieren, und gewinnen Vertrauen in Ihre Wahrnehmungs- und Aufnahmefähigkeit. Ihr Textverständnis wird in dem Maße steigen, in dem Sie sich an die neuen Techniken und das erhöhte Tempo gewöhnen. Aber wenn Sie diese schönen Techniken auf die falschen Texte anwenden, ist ihr Nutzen sehr begrenzt. Nicht nur die Lese**effizienz** ist wichtig (ein Höchstmaß an Informationen mit dem geringstmöglichen Aufwand zu erfassen), sondern auch die Lese**effektivität**: die Anwendung dieser Techniken auf die richtigen Texte. In unserer vielzitierten «Wissensgesellschaft» mit ihrem oftmals schwer überschaubaren Informationsangebot wird die gezielte Auswahl der jeweils relevanten Texte und Textstellen immer wichtiger. Die fortschreitende Spezialisierung (denken Sie nur an die vielen Fachzeitschriften), die Verfügbarkeit von Wissen (Internet) und die Schnelligkeit des Austauschs (E-Mail) nehmen so dramatisch zu, dass wir die notwendige Auswahl nur mit effizienten Strategien treffen können. Diesem Prozess sollten wir bewusst Zeit und Aufmerksamkeit widmen. Deshalb ist wichtig: Starten Sie nie direkt mit dem Lesen, sondern gewinnen Sie erst einmal einen Überblick! Verschaffen Sie sich in kurzer (!) Zeit eine Vorstellung von dem Inhalt eines Buchs oder eines Dokuments – nicht detailliert, sondern in groben Zügen. Wie Sie diesen Überblick erhalten, haben wir auf den folgenden Seiten ausführlich dargestellt. Aber erst einmal bleiben wir noch dort, wo dieser Prozess beginnt – in Ihrem Kopf.

Können Sie guten Gewissens von sich behaupten, immer Ihre Leseziele zu kennen? Haben Sie schon einmal versucht, sie genau zu formulieren oder sogar aufzuschreiben? Das Hineinschnuppern in den Text, das auf den nächsten Seiten beschrieben wird, ist nämlich nur dann erfolgreich, wenn Sie sich dabei ausdrücklich den Zweck Ihres Lesens bewusst machen. Hilfreich sind grundsätzliche Fragen: «Liefert mir der Text wirklich das, was ich wissen will? Ist er wichtig genug, gelesen zu werden?» Oder auch spezieller: «Welche Informationen oder Gedanken will ich aus dem Text gewinnen? Wie gründlich muss ich ihn dafür bearbeiten?» Übrigens: Was heißt eigentlich «gründlich» für Sie? Wollen Sie unbedingt immer *alles* lesen und auch verstehen, selbst wenn Sie nur einen begrenzten Teil benötigen? Dann möchten wir Sie gern davon überzeugen, ein wenig umzudenken. Wer sich permanent unter Druck setzt, alles verstehen zu müssen, hat es vielleicht bisher versäumt, Fragen und Ziele wirklich präzise zu formulieren. Wer jedoch weiß, was er will, für den kann nicht alles gleichermaßen wichtig sein.

«Gutes» Verständnis eines Textes bedeutet für uns in erster Linie «angemessenes» Verständnis. Dieses Ziel ist bewusst ein anderes als der automatische Anspruch auf vollständige Wiedergabefähigkeit des Inhalts, da das angestrebte Verständnis immer von den eigenen Interessen und Fragen abhängig sein sollte. Daraus ergibt sich für jeden Leser je nach Situation ein individuelles Maß.

Vor dem eigentlichen Lesen müssen also das Leseziel, der Schwierigkeitsgrad des Textes und der benötigte Verständnisgrad geklärt werden. Zu diesem Zweck nehmen Sie «Witterung» auf, stimmen sich auf die Materie ein, statt nur kopfüber in den unbekannten Inhalt zu springen und sich schutzlos seinen Untiefen auszusetzen: Von nun an führen Sie bei *allen Texten*, die Sie in die Hand nehmen, als Erstes eine *Vorausschau* durch (vor allem bei Sach- und Fachbüchern, auf die wir uns hier beziehen, und natürlich nie bei Kriminalromanen!). Selbst wenn die Relevanz für Sie bereits feststeht, ist es sehr nützlich, sich vor dem Lesen durch klar definierte Abläufe mit dem Text vertraut zu machen. Einige Schritte unserer Gebrauchsanweisung erscheinen Ihnen vielleicht schon selbstverständlich, aber für ein konsequentes Vorgehen sollen sie hier vollständig genannt werden. Dann können Sie auch abhaken, ob Sie bereits alle Einzelheiten beachten.

Sie nehmen als Erstes den *Autor* (vielleicht schreibt ein Franzose aus einer anderen Sicht als ein Amerikaner) und dann den Text zur Kenntnis, der sich auf dem Umschlag befindet *(Klappentext)* oder nur auf der Rückseite des Buchs. Natürlich ist er als Werbung gedacht, aber er bietet doch eine Grundorientierung, vor allem wenn der Autor Ihnen nicht bekannt ist. Das *Impressum* lohnt sich immer, obwohl es durch die Zahlen und Fakten so nüchtern wirkt; es gibt wichtige Auskünfte über Verbreitung, Aktualität und Herkunft des Buchs. «Leipzig 1987» führt zu anderen Vorstellungen als «Leipzig 1992». Vielleicht entscheiden Sie schon hier, ob Sie gerade dieses Buch benötigen oder nicht. Das wäre doch wirklich effektiv!

Ein gutes *Inhaltsverzeichnis* ist im Idealfall zugleich die kürzeste Zusammenfassung des Inhalts. Lesen Sie zuerst sämtliche Hauptüberschriften, die die Themenkreise erkennen lassen, und im zweiten Durchgang die untergeordneten Kapitel. Sie zeigen Ihnen möglicherweise Akzentuierungen, die Ihnen die Auswahl des Lesestoffs erleichtern. Wieder eine Chance für ein effektives Vorgehen!

Falls vorhanden, befassen Sie sich kurz mit den *Informationen zum Autor*, denn sie sind oftmals auf das Thema zugeschnitten. Das *Register* prüfen Sie unter dem Aspekt, ob «Ihre» zentralen Begriffe oder Personen aufgeführt sind – aber Vorsicht, wenn ganze Kapitel davon handeln, werden sie nicht mehr extra aufgelistet. Gibt es ein *Literaturverzeichnis*? Nehmen Sie sich Zeit dafür. Die Titel bieten Ihnen eine Fülle von Anregungen: Welche Literatur hat der Autor berücksichtigt? Überwiegend Bücher oder mehr Zeitschriften? Zielt das Buch auf ein breites Lesepublikum oder eher auf die Fachwelt? Studieren Sie die einzelnen Titel, denn sie formulieren oft ein zentrales Problem, eine Erkenntnis oder bieten neue Stichworte. So können Sie schon vor der Lektüre des Buchs Auskunft über das Umfeld geben, in dem es anzusiedeln ist. Aber ertrinken Sie nicht in der Ideenflut: Behalten Sie dabei strikt die eigenen Interessen und Leseziele im Blick!

Alles schon bekannt? Dann kommen wir zu unserer Hauptempfehlung: Sondieren Sie gleichmäßig Seite für Seite einzeln, und lassen Sie dabei *jede Seite* auf sich wirken – jeweils *nur* ca. *fünf Sekunden* lang! Bevor Sie jetzt spontan «Aber …» sagen, sollten Sie lieber stolz auf Ihr Gehirn sein. Es findet nämlich rasch die auffälligen Sinnsignale auf jeder Seite, sodass Sie in kürzester Zeit wesentliche Aussagen erfassen können. Nicht alle – aber einige! Unterschätzen Sie auch nicht die Wirkung, die das bloße Anfassen der Seiten ausübt. Das haptische Erlebnis, wodurch wir ein Buch auch physisch «begreifen», trägt konkret dazu bei, dass wir uns den Inhalt zu eigen machen. (Haptik ist die Lehre vom Tastsinn.)

Was erkennen Sie bei diesem Geschwindmarsch durch die Seiten? Überschriften / Unterüberschriften, Fett- / Kursivdruck, Zitate, Häufungen bestimmter Namen oder Begriffe, Aufzählungen, Graphiken, Bilder, Tabellen, Menge und Bedeutung der Fußnoten … Wenn Sie sich daran gewöhnen, in einem gleichbleibenden Rhythmus umzublättern, unterstützen Sie die Vorwärtsorientierung und das Gespür für das «große Ganze» (möglicherweise wählen Sie auch sieben Sekunden pro Seite oder nur drei – je nach Textmenge, Schwierigkeitsgrad oder Komplexität des Lesestoffs).

Aber fängt man wirklich auf der ersten Seite an und blättert eisern durch das ganze Buch? Nur dann, wenn sich trotz der bisherigen Informationen (und Ihres Vorwissens) noch keine fassbaren Leseziele ergeben haben. Auf der Suche nach entsprechenden Anhaltspunkten blättern Sie einfach das Buch von vorn nach hinten durch und lassen sich auf die Sinnsignale ein, die Sie dabei wahrnehmen. Vertrauen Sie darauf, dass Fragen entstehen, die Sie weiterführen.

Eine noch effektivere Variante: Widmen Sie sich zunächst dem Beginn des Buchs, dann der Zusammenfassung am Schluss und steuern Sie schließlich gezielt die Kapitel an, die Ihnen bereits im Inhaltverzeichnis interessant erschienen (schauen Sie dort ruhig noch einmal nach). Möglicherweise stellen Sie dabei schon früh fest, dass für die spätere, eigentliche Lektüre die ausgewählten Kapitel völlig genügen – im Extremfall konzentrieren Sie sich dann sogar nur auf ein einziges. Damit hätten Sie den ungeheuren Vorteil einer Vorausschau perfekt genutzt: Große Teile der Textberge können Sie auf diese Weise rechtzeitig aussortieren. So lässt sich viel Zeit einsparen, wenn man strikt in der Reihenfolge der Wichtigkeit vorgeht, gelenkt durch spezielle Interessen und Zielsetzungen.

Achten Sie also von nun an bewusst auf die vielen Informationen, die Sie bereits während des systematischen Durchblätterns aufnehmen können, noch bevor Sie richtig mit dem Lesen begonnen haben. Die Orientierung an allen mehr oder weniger hervorstechenden Sinnsignalen gleicht dem Erlebnis einer Busfahrt durch eine fremde Stadt. Da sausen Sie an großen Gebäuden vorbei, an Einkaufszentren, sehen den Bahnhof, vielleicht einen See mit Booten, Fontänen, Hinweisschilder für Touristen, Kirchen, Denkmäler, Boutiquen und Cafés. Sie erhalten einen guten Gesamteindruck von der Stadt. Vieles ist vielleicht so attraktiv, dass Sie aussteigen möchten, obwohl Sie noch nicht am Ziel angelangt sind.

Eine ähnliche Verführung besteht auch bei der Vorausschau: Sie werden allerdings nicht versucht sein auszusteigen, sondern «einzusteigen», wenn Sie eine interessante Textstelle erwischen. Dort bleiben Sie leicht kleben und rutschen allmählich in ein intensives Lesen hinein, unbemerkt, weil es so spannend ist. Damit verlassen Sie aber die Ebene der Vorausschau! Das gesamte Panorama eines Textes aus der Vogelperspektive zu erschließen ist ein eigenständiger Verstehensprozess, der Ihnen die Gesamtstrukturen und Schwerpunkte vermittelt. Wenn Sie sich zwischendurch zum Lesen verführen lassen, wird es Ihnen schwerer fallen, die optimale Strategie für die Bearbeitung des komplexen Textes festzulegen. Der Zeit- und Motivationsgewinn, den Ihnen die Vorausschau bis zu diesem Punkt bereits geboten hat, ginge verloren. Außerdem: Auf den ersten Blick ist oft alles spannend und neu! Argumente werden aber auch gern wiederholt und finden sich möglicherweise am Ende des Buchs in einer kompakteren Form als zu Beginn.

Wenn Sie Bedenken haben, bei diesem «Höhenflug» gute Gedankenanstöße aus den Augen zu verlieren, nehmen Sie selbstklebende Notizzettel zur Hand und markieren damit die jeweilige Stelle. Dann können Sie im Anschluss an die Vorausschau problemlos darauf zurückkommen und beurteilen, ob der erste Eindruck richtig war.

Effizientes Lesen ist auch ein Prozess des *intelligenten Weglassens*! Anders gesagt: Texte bewusst nicht zu lesen, wenn sie entbehrlich sind, ist vielleicht die beste Leseeffizienzsteigerungsstrategie überhaupt (wenn Sie dieses Wort einzeln gelesen haben, ist das für dieses Mal entschuldigt ...). Wie oft haben Sie sich stundenlang durch schwierige oder langweilige Texte gequält und hinterher festgestellt, dass diese Anstrengung nutzlos war? Den eigenständigen Wert einer Vorausschau werden Sie vor allem dann ermessen können, wenn Sie z. B. in zwei bis drei Stunden mehrere Bücher hintereinander in dieser Weise bearbeiten – anstatt mehrere Tage damit zu verbringen, eines nach dem anderen zu lesen![15] Eine Vorausschau von wenigen Minuten kann Ihnen ganze Nachmittage in der Bibliothek oder an Ihrem Schreibtisch ersparen. Sie führt im Übrigen auch zu einer schnelleren Verarbeitung des Inhalts und unterstützt Ihre Merkfähigkeit, weil die Textaufnahme beim eigentlichen Lesen dann bereits an ein gerüstartiges Vorverständnis «andocken» kann.

Natürlich können Sie die Vorausschau nicht nur bei Büchern anwenden, sondern ihre wesentlichen Elemente z. B. auch auf längere E-Mails, Berichte, Zeitungs- und Fachartikel übertragen. Diese Texte sind in ihrem äußeren Erscheinungsbild allerdings stark unterschiedlich, sodass Sie flexibel mit diesem Instrument umgehen müssen – aber jeder Versuch lohnt sich!

So viel Theorie! Lässt Ihre Konzentration bereits nach? Dann schauen Sie sich unsere Tipps zu diesem Thema an – vielleicht hilft's!?

Entscheidende Faktoren für konzentriertes Lesen

▢ Interesse/Einstellung zum Text
Konzentration und *Motivation* gehören zusammen wie Vorder- und Rückseite eines Blattes Papier. Zentralen Einfluss auf die Lesemotivation hat die Vorausschau: Text sichten, Vorwissen

15 Vgl. das sog. «synopical reading» bei Adler/van Doren, *How to read*, 1972, S. 309–336, das auf einem zeitlich eng begrenzten «Überblickslesen» zahlreicher Texte zu demselben Thema beruht, bevor das eigentliche Lesen beginnt.

mobilisieren, Fragen stellen, Leseziel formulieren. Überlegen Sie bei der Lektüre, mit wem Sie Ihre gesammelten Lesefrüchte später teilen können. Dieses Ziel – eine Diskussion, ein Gespräch – steigert ganz automatisch Ihr Interesse am Inhalt.

⊔ Lesetempo

Bei Desinteresse oder Müdigkeit (wenigstens) *10 % schneller lesen*! Routineaufgaben wie auch langweilige Texte werden spannend, wenn man sie einfach schneller bearbeitet. (Nehmen Sie unsere Augenübungen im Praxisteil als Beispiel: Sie scheinen zunächst fast zu banal für einen Erwachsenen – erst durch die zeitlichen Vorgaben empfinden wir sie als anspruchsvolle Herausforderung.)

⊔ Lesetechnik/-strategie

Bevor Sie zu lesen beginnen, besinnen Sie sich kurz auf die Techniken (Erfassen von Sinngruppen etc.) und planen das strategisch beste Vorgehen, um mit angemessenem Aufwand zum Ziel zu kommen (Lesetempo variieren etc.). Damit verdrängen Sie andere Gedanken und richten Ihre Aufmerksamkeit auf den Text aus. Gerade bei eher langweiligen, aber leider unumgänglichen Texten können Sie Ihre Konzentration vielleicht schon dadurch steigern, dass Sie die Lektüre als eine zeitlich begrenzte Technikübung gestalten.

⊔ Pausen

Regelmäßige *Pausen* einlegen: mindestens alle 90 Minuten! Ziele setzen: Was will ich bis zu der nächsten Unterbrechung geschafft haben? Wenn die Arbeit besonders mühsam ist: das Erreichen des Ziels mit Mini-Belohnungen verknüpfen (ruhiges Durchatmen am geöffneten Fenster, ein kurzer Gang zum Kaffeeautomaten)! Bei starkem Konzentrationsabfall (und bei schwierigen Texten) arbeiten Sie mit kleinen Intensiv-Lesephasen von 10 bis 15 Minuten Dauer – dann kurz aufstehen, strecken, Hände hinter dem Kopf verschränken, Augen schließen, den Textinhalt rekapitulieren o. Ä.

⊔ Die Macht der Gewohnheit als Verbündete

Versuchen Sie, mit den oben beschriebenen Anregungen Leserituale zu schaffen, damit Ihre Konzentration für die Inhalte zur Verfügung steht. Hilfreich ist auch die bewusste Zuordnung von Zeit und Ort: Definieren Sie – je nach Leseziel – geeignete Plätze, an denen Sie dann von Kopf bis Fuß auf konzentriertes Lesen programmiert sind (Wissensaufbau = Schreibtisch, Roman = Sofa, Zeitung = ?).

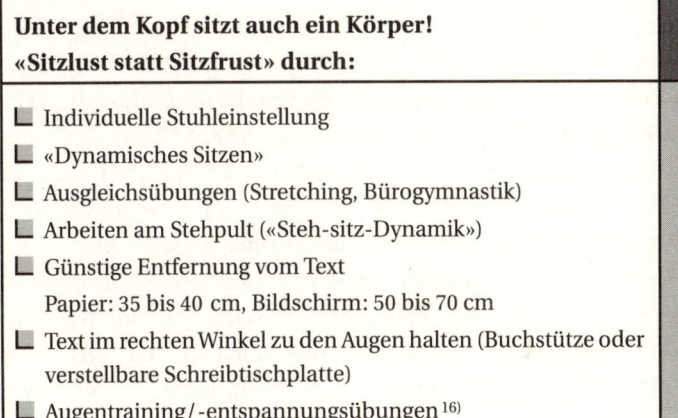

Unter dem Kopf sitzt auch ein Körper!
«Sitzlust statt Sitzfrust» durch:

⊔ Individuelle Stuhleinstellung
⊔ «Dynamisches Sitzen»
⊔ Ausgleichsübungen (Stretching, Bürogymnastik)
⊔ Arbeiten am Stehpult («Steh-sitz-Dynamik»)
⊔ Günstige Entfernung vom Text
 Papier: 35 bis 40 cm, Bildschirm: 50 bis 70 cm
⊔ Text im rechten Winkel zu den Augen halten (Buchstütze oder verstellbare Schreibtischplatte)
⊔ Augentraining / -entspannungsübungen [16]

---

16 *Sitzlust statt Sitzfrust* ist eine kostenlose Broschüre der Bundesanstalt für Arbeitsschutz und Arbeitsmedizin (BAuA). Dort finden Sie eine genaue und lebendige Erläuterung der oben genannten Stichworte – und viele realitätsnahe und sehr gut geschriebene Anregungen für Ihren Büroalltag!

Flexible Lesestrategien: So beherrschen *Sie* den Text (und nicht umgekehrt)

Sie haben die Vorausschau erfolgreich bewältigt und wissen jetzt, was Sie inhaltlich und vom Aufbau her erwartet. Vor allem haben Sie eine genaue Vorstellung gewonnen, welche Textteile Sie wirklich lesen wollen. Nun stellen Sie sich bitte bewusst die Frage: Welchen Verständnisgrad benötige ich überhaupt? «Wie bitte?» – Ich höre buchstäblich die Entrüstung in den Reihen der Perfektionisten unter meinen Lesern. Allein die Frage ist schon «unmöglich»! (Falls Sie zu der gelassenen Minderheit gehören, beweisen Sie hier Ihren Mut zur Lücke und überspringen diesen Absatz.) Für den Otto-Normal-Perfektionisten, zu dem die meisten Menschen durch Schule, Ausbildung und Beruf überwiegend getrimmt werden, sind 100 % Verständnis – als Ziel – eine Selbstverständlichkeit. Wir möchten aber, dass Sie diesen Anspruch nicht mehr ohne bewusste Abwägung umsetzen, sondern nur noch dann, wenn es sich wirklich lohnt.

Die Menge des verfügbaren Wissens steigt pro Jahr um 30 %, in manchen Bereichen liegt die «Halbwertszeit» von Informationen bei wenigen Monaten (Halbwertszeit = Zeit, nach der die Hälfte eines Wertes zerfallen ist). Perfektionismus können wir uns letztlich nur noch um den Preis einer eingeschränkten Wissensbreite leisten. Als Konsequenz dieser großenteils überflüssigen Gründlichkeit lesen wir nämlich in unserer ewig knapp bemessenen Zeit zahlreiche nützliche Texte *überhaupt nicht*, obwohl sie sehr wichtig für uns sein könnten!

Für viele Menschen ist nicht nur der Anspruch auf ein durchgehend vollständiges Textverständnis selbstverständlich – auch ihre bestehenden («gründlichen») Lesetechniken halten sie für unentbehrlich: das Konzentrieren auf das einzelne Wort, men-

tales Mithören, die regelmäßige Rückversicherung durch Nachlesen (Regression), eine sofortige Auseinandersetzung mit den
Aussagen des Autors etc. Sie merken oft nicht, wie ineffizient
sie vorgehen, weil die jahrelange Gewohnheit ihnen das (trüge-
risch) sichere Gefühl vermittelt, Texte gut erfassen zu können.
Die Ergebnisse beweisen jedoch genau das Gegenteil. Denken
Sie daran, dass auf Basis der allgemein verbreiteten Lesetechniken durchschnittlich nur 55 % des Textes verstanden werden.
Trotzdem gibt es ein enormes Beharren auf den alten Lesegewohnheiten und auf der festen Annahme, die neuen Techniken
führten nicht zu einem hohen Verständnis. Dabei ist das Ziel
von 80 % Verständnis, wie wir es anstreben, eben kein Verzicht
auf Lesequalität und Genauigkeit, sondern stellt in den meisten
Fällen sogar eine Steigerung dar!

Ihr «Leseapparat» funktioniert bei der Verarbeitung von Texten wie eine komplexe Maschine, bei der Sie über ein ganzes
Schaltpult mit verschiedenen Funktionen verfügen. Zwischen
«Ein» und «Aus» gibt es mehrere stufenlose Regler, die unterschiedliche Geschwindigkeiten und Strategien steuern und mit
denen Sie sich Ihr individuelles Vorgehen erschließen sollten.
Damit sind wir bei dem Thema «flexible Lesestrategien» angelangt.

Oft suchen Sie ja auch im Alltag nur nach einzelnen Stich-
wörtern oder Aussagen, und andere Materialien überfliegen Sie
rasch, um die interessanten Hauptgedanken herauszufinden.
Deshalb stellen wir im Folgenden unterschiedliche Lesestrategien vor, die in einer breiten Spanne einzusetzen sind: vom
punktuellen Verstehen über das Erfassen der Hauptaussagen
bis hin zu dem Erarbeiten von 80 % und sogar 100 % Verständnis. Vielleicht können Sie hier und da schon an Gewohnheiten
anknüpfen und diese in verbesserter Form gezielter und häufiger nutzen.

Scanning (fokussierende Suche)

Wenn Sie aus einem Text nur einzelne Begriffe, Zahlen, Namen oder auch Antworten auf bestimmte Fragen herausfiltern wollen, dann wenden Sie das Scanning an, die fokussierende Suche (to scan = absuchen, abtasten). Diese Technik hilft vor allem dann, wenn die Textmenge sehr groß ist, Sie aber hoffen (oder befürchten ...), dass dort wichtige Informationen zu finden sind. Bisher haben Sie möglicherweise bei diesen Texten übermäßig viel Zeit in einen langwierigen Leseprozess investiert (oder mit schlechtem Gewissen ganz auf das Lesen verzichtet). Oft jedenfalls steht ein großer Aufwand in keinem Verhältnis zu dem tatsächlichen Ergebnis. Sinnvoller ist es in solchen Fällen, mehrere Schlüsselwörter oder Zeichen zu definieren, die im Zusammenhang mit der gesuchten Information auftauchen könnten (lassen Sie sich Varianten einfallen – wie bei der Eingabe von verschiedenen Stichworten bei «Google», wenn Sie nur ansatzweise wissen, wonach Sie suchen). Sie halten dann gezielt Ausschau nach diesen einzelnen Begriffen, statt wirklich den kompletten Text zu lesen.

Sie erreichen Ihr Ziel am besten, indem Sie sich zuerst vorstellen, wie die gesuchten Wörter geschrieben aussehen. Dann entspannen Sie Ihren Blickfokus, wandern großflächig über die Seiten – und lassen es zu, dass Ihnen die gewünschte Information wie von selbst in die Augen springt. Ob Sie sich dabei am geschicktesten im Zickzack, slalomförmig oder mit Salto mortale vorarbeiten, müssen Sie in einigen Experimenten herausfinden – gehen Sie jedoch auf keinen Fall Zeile für Zeile durch! Wenn Sie einigermaßen sicher sein wollen, das Gesuchte erfasst zu haben, starten Sie einen zweiten Durchlauf, möglichst mit einem anderen Muster. Bei einem solchen «Abtasten» bzw. «Rastern» des Textes können Sie ein sehr hohes Tempo von über 2000 WpM erreichen. Man spricht dann aber nicht von Lesegeschwindigkeit, sondern von Verarbeitungsgeschwindigkeit, da dieses Verfahren ausschließlich dem Auffinden von Informationen dient.

Es ist sehr hilfreich, wenn Sie vorher ein wenig über das Thema, verwandte Gegenstandsbereiche oder vorstellbare Antworten nachdenken (wenn Sie in einem Reisebericht Empfehlungen für ein gutes Lokal mit regionaler Küche suchen, dann stellen Sie sich die Worte «regional», «typisch», «Lokal», «Restaurant» etc. und vielleicht einige Ihnen von dort bekannte Gerichte vor ...). Jede Form geistiger Einstimmung erhöht die Wahrscheinlichkeit, dass die relevanten Textstellen Sie zügig «anspringen» werden, besonders dann, wenn Sie sich im Geist das konkrete Schriftbild vorstellen (visualisieren). Im nächsten Praxisteil können Sie diesen Effekt selbst testen.

Bestimmt wenden Sie das «Scanning» bzw. die «fokussierende Suche» schon in einzelnen Bereichen an. Schauen Sie nicht auch in den täglichen Angeboten zuerst nach den entscheidenden Angaben? Wie viel Fett hat der Käse? Woher stammt das Suppenhuhn? Bei einem Strafmandat wollen wir ohnehin nur wissen: «Was kostet's?» – alle anderen Angaben auf dem Zettel empfinden wir in dieser Situation sogar als höchst überflüssig. Überlegen Sie, wo Sie diese Erfahrungen auf das «richtige» Lesen übertragen können: bei der Durchsicht der E-Mails mit der Frage «Betrifft es mich?», «Wie schnell muss ich handeln?», «An welchen meiner Mitarbeiter/Kollegen sollte ich das zur Bearbeitung weiterleiten?» etc. Wie viel Zeit geht verloren, wenn Sie mit dem Lesen beginnen und in der Mitte des Textes feststellen: «Das betrifft mich ja gar nicht!»

Ein gutes Übungsfeld für diese Technik ist generell die tägliche Zeitungslektüre: Es passiert sicher häufiger, dass Sie von einer bestimmten Überschrift in den Bann gezogen werden, obwohl Sie diese Thematik normalerweise nicht beachten (z. B.: «Greenpeace-Aktion in der Nordsee»). Dann packen Sie Ihre Neugierde einfach in ein oder zwei klar zu beantwortende

Fragen (z. B.: «Wo genau in der Nordsee und warum?») und scannen den Artikel in der beschriebenen Weise durch, statt ihn wirklich zu lesen. Ganz nebenbei üben Sie sich gleichzeitig darin, den Leseprozess durch vorheriges Fragen zu unterstützen: Denn diese innere Haltung, die Sie beim Scannen einnehmen – gezieltes, aktives Suchen nach Antworten statt planloses Abarbeiten von Text –, ist prinzipiell eine ideale Grundhaltung für das Lesen (von Sachtexten).

Skimming (Überfliegen)

«Skimmen» (to skim = Rahm abschöpfen) oder «Überfliegen» bedeutet: vollständiges visuelles Erfassen eines Textes in sehr hohem Tempo. Sie *sehen* den Text Zeile für Zeile, Sinngruppe für Sinngruppe. Ihre *Gedanken* richten Sie aber nur auf die inhaltlichen Hauptlinien aus, die Details ignorieren Sie. Versuchen Sie, das Geschwindigkeitspotenzial Ihrer Blickbewegungen maximal auszuschöpfen und nicht an einigen Stellen zu verharren. Vielleicht stellen Sie sich vor, Ihre Augen verfolgten ein schnelles Pingpongspiel – bei schmalen Taschenbuchseiten genügen zwei Fixierungen pro Zeile!

Wichtig beim Skimmen bzw. Überfliegen ist ein entspannter, weicher Fokus, den Sie mit klarer Vorwärtsorientierung durch die Zeilen führen, indem Sie konsequent Sinngruppen fixieren. Im Gegensatz zu dem sogenannten «Querlesen» erfassen Sie visuell den kompletten Text, ohne eine Zeile zu überspringen. Lassen Sie sich «einfangen» von der Kernbotschaft des Autors, bewerten Sie nicht sofort, sondern hören Sie ihm erst einmal zu. Es funktioniert einfach nicht, gleichzeitig etwas verstehen und kritisch reflektieren zu wollen. Die Auseinandersetzung mit dem Text, die Bewertung der Aussagen, ist natürlich wichtig, sollte aber besser in einem späteren Schritt erfolgen. Darauf gehen wir im Kapitel VI näher ein.

Gewöhnen Sie Ihre Augen daran, erst einmal schneller zu sein als Ihr Denken – lassen Sie sie einfach «laufen», verweilen Sie keinesfalls bei einzelnen Wörtern und grübeln Sie nicht, ob Sie genug verstehen. Sicher nehmen Sie zunächst nicht alles auf, aber Sie werden spüren, wie es immer mehr wird und das Verständnis allmählich steigt. Ihre Tageszeitung ist wiederum ein gutes Experimentierfeld: Bearbeiten Sie mit dieser Technik den größten Teil der Artikel, die Sie überhaupt interessieren, und Sie werden vermutlich mit einem vertretbaren Zeitaufwand einen Überblick über das Weltgeschehen bekommen. Fragen Sie sich einmal kritisch, woran Sie sich dagegen nach einer gründlichen und zeitraubenden Lektüre der Zeitung noch erinnern können – ist es wirklich wesentlich mehr?

Diese Technik kann auf alle Texte angewendet werden, bei denen man sich Wissenslücken erlauben darf – und das sind im Alltag wahrscheinlich die meisten. Denken Sie an die Stapel auf Ihrem Schreibtisch oder neben dem Sofa, die Sie schon längst gelesen haben wollten. Glauben Sie wirklich, dass Sie je die Muße finden werden, sich diesen Texten ausgiebig zu widmen? Ist es nicht vielmehr so, dass trotz guter Vorsätze mehr hinzukommt, als «weggelesen» wird? Irgendwann fliegt dann ein Großteil in den Papierkorb – gänzlich unbesehen! Wäre es da nicht besser, die Textansammlung mit klarer Ausrichtung auf die wesentlichen Aussagen wenigstens zu überfliegen – großzügig gegenüber Einzelheiten und einigen Verständnislücken? Zeigen Sie Konsequenz, bringen Sie diesen speziellen «Mut zur Lücke» häufiger auf. Dann bleibt mehr Zeit für die Themen, mit denen Sie Ihre Aufgaben besser erfüllen und Ihre Ziele erreichen können.

Paragraphing (Absatzspringen)

Kommen wir nun zum Paragraphing, der vielleicht einfachsten flexiblen Lesestrategie. Einfach ist sie deshalb, weil sie zunächst relativ klar strukturierten Vorgaben folgt (von kleinen Einschränkungen abgesehen ...). Wir nutzen für diese Technik die Tatsache, dass üblicherweise jeder Absatz (engl. «paragraph») einen Kerngedanken enthält. Denken wir z. B. an einen Zeitungsartikel, so befindet sich dieser Kerngedanke oft am Beginn jedes Absatzes und wird dann in den folgenden Sätzen detailliert entfaltet. Der erste Absatz eines Artikels hat allerdings einen eigenen Charakter. Er dient der Einleitung, wir werden zum Thema hingeführt. Auch der letzte Absatz weicht von dem Schema ab; er stellt häufig eine Zusammenfassung dar, bringt weiterführende Fragen oder Gedanken, im besten Fall mit einem pointierten Abschluss.

Daraus ergibt sich – zunächst idealtypisch beschrieben – folgende Strategie: Den ersten Absatz lesen Sie komplett und von den folgenden Absätzen jeweils nur den Beginn. Die Details oder Begründungen überspringen Sie. Erst den letzten Absatz nehmen Sie wieder vollständig zur Kenntnis. Sie lassen also den weitaus größten Teil des Textes einfach weg und haben dennoch eine gewisse Aussicht, die Hauptlinien erfasst zu haben.

Und nun die kleinen Einschränkungen: Nicht alle Texte sind so übersichtlich strukturiert, dass die Kernbotschaft im ersten Satz zu finden ist. Sie kann auch durchaus an eine andere Stelle verrutscht sein ... Oder der erste und zweite Satz bilden eine untrennbare Einheit. Manchmal empfiehlt es sich auch, den letzten Satz des vorangegangenen Absatzes mit einzubeziehen, um eine Verbindung herzustellen. Es gibt also keine Garantie, dass diese Lesetechnik immer so glatt funktioniert, weil nicht jeder Text entsprechend geschrieben ist. Aber wenn Sie flexibel, d. h. nicht zu formalistisch damit umgehen, ist es eine sehr inspirierende Taktik!

Sobald Sie einen entsprechend strukturierten Text vor sich haben, ist Paragraphing eine gute Alternative zum Überfliegen – sie erfüllt im Grunde die gleiche Zielsetzung, sich einen schnellen Eindruck von wesentlichen Aussagen des Autors zu verschaffen. Sie können natürlich innerhalb der Technik auch variieren und z. B. nach dem ersten Absatz gleich den letzten lesen – und dann erst die Kerngedanken der Absätze dazwischen. Oder Sie lassen sich in manche Absätze tiefer hineinziehen (wenn es sich lohnt). Probieren Sie es in jedem Fall einmal aus, insbesondere bei Texten, die Sie sonst vielleicht *gar nicht* gelesen hätten.

Wenn Sie mit einem Thema vertraut sind, können Sie mit dieser Technik in großer Geschwindigkeit feststellen, ob der Artikel Informationen enthält, die Sie noch nicht kennen. «Paragraphing» ist aber auch ein hervorragender «Rettungsanker», wenn Sie auf dem Weg zur Sitzung oder zum Seminar sind und die angegebenen Texte zuvor noch nicht einmal aufgeschlagen haben. (Noch besser wäre natürlich, Sie hätten den Text richtig gelesen und den Kerngedanken der Absätze markiert. Dann hilft Ihnen häufig schon der optische Eindruck, sich das Gelesene in Erinnerung zu rufen, und Sie gehen bestens präpariert in die Diskussion oder in die Prüfung.)

Absätze sind übrigens generell hilfreiche Sinnsignale beim Lesen: Wenn sich Ihre Vermutung bestätigt, dass das Wichtigste am Anfang eines Absatzes steht, können Sie Ihr Lesetempo entsprechend variieren oder die Blickprozesse in der Vorausschau gezielt «landen» lassen. Gerade wenn die Vorausschau noch wenig eingeübt ist, hat man sonst häufig das Gefühl, immer auf unwesentliche Textstellen zu schauen. Ein zielgerichtetes und strukturiertes Vorgehen dagegen vermittelt mehr Sicherheit.

«Alles ist wichtig!» –
Lesen mit (sehr) gutem Verständnis

Natürlich möchten oder müssen wir bei einigen Texten die Aussagen des Autors möglichst vollständig verstehen, einschließlich seiner Begründungen. Dieses Ergebnis können Sie von den letztgenannten Techniken nicht erwarten, die sich ausdrücklich nur für das Herausfiltern einiger Hauptgedanken oder Fakten eignen. So sind die bisher erwähnten flexiblen Strategien nur *punktuell* einzusetzen, während die anfangs beschriebenen drei Haupt-Lesefehler *immer* vermieden werden sollten. Ich hoffe, wir konnten Sie schon überzeugen, dass man sich von diesen unnötigen Relikten aus der Grundschulzeit im Erwachsenenalter lösen kann. Wenn Sie den begonnen Veränderungsprozess beibehalten, automatisieren Sie die dazugehörigen Elemente und werden nicht mehr durch das Experimentieren abgelenkt. Sobald Sie Ihren neuen Lesegewohnheiten erst einmal in gleicher Weise vertrauen wie Ihren früheren, ist bei doppelter Geschwindigkeit ein um 20 bis 30 % höheres Textverständnis keine Zauberei, sondern eher eine logische Konsequenz.

Üblicherweise ziehen Sie also mit den «erwachsenen» Techniken ca. 80 % der vorhandenen Informationen aus dem Text – in vielen Fällen ist dieses Wissen ausreichend. Der Durchschnittsleser ist bisher mit den besagten 55 % zurechtgekommen! Positiv ausgedrückt, haben wir also auch bisher schon gelernt, mit Wissenslücken bzw. mit Teilinformationen zu leben. Diese wenig anspruchsvolle Größenordnung sollten wir nicht mehr akzeptieren, uns aber auch nicht durch perfektionistische Erwartungen behindern. In vielen Lebensbereichen können wir mit 80-%-Lösungen zufrieden sein, weil sie nach Pareto[17)]

17 Das *Pareto-Prinzip*, auch «80-zu-20-Regel» genannt, besagt, dass in 20 % der zur Verfügung stehenden Zeit häufig die wichtigsten 80 % der Aufgaben erledigt werden können. Beispiel: 20 % der Kunden bringen 80 %

im Normalfall nur 20 % des Einsatzes erfordern – warum nicht auch bewusst bei bestimmten Lesethemen? Dieses Verständnisniveau dürfen wir mit etwas Erfahrung bereits nach einmaligem Lesen (mit vorgeschalteter Vorausschau) erwarten.

Aber wenn nun doch *alles* wichtig ist? Manchmal stehen wir wirklich vor dieser Situation, aber überlegen Sie genau, ob sich der Aufwand für die restlichen 20 % lohnt. Der Unterschied zwischen (den richtigen) 80 % und 100 % des inhaltlichen Ertrags ist oft relativ gering, aber der zusätzliche Aufwand kostet wertvolle Arbeits- / Lernzeit. Sinnvoller wird diese Zeit vielleicht für die nochmalige, ggf. kritische Auseinandersetzung mit dem Text und den eigenen Gedanken genutzt.

Ein 100 %iges Verständnis erreichen zu müssen ist in der täglichen Lektüre doch eher die Ausnahme. Grundsätzlich ist es nie durch ein einmaliges Lesen zu gewinnen – einerlei, mit welcher Technik und in welchem Tempo (Näheres dazu s. Kap. VI). Entscheiden Sie sich wirklich bewusst für solch ein lückenloses Wissen, statt dieses Pensum einfach mechanisch, aus bloßem Perfektionismus zu leisten. Und auch wenn Sie diesem hohen Anspruch genügen wollen (oder müssen), brauchen Sie nicht wieder in Ihren herkömmlichen Lesestil zu verfallen. Denn zu «chunken» und die Regressionen zu vermeiden bedeutet ja keineswegs, etwas auszulassen – im Gegenteil! Nach einer (vielleicht sorgfältigeren) Vorausschau lesen Sie in diesem Fall am besten etwas langsamer und nicht ganz so tolerant gegenüber Fehlern, Auslassungen oder spontanen Unklarheiten. Ein mehrfaches Lesen, das Sie vielleicht durch Scannen und Skimmen auflockern, trägt sicher dazu bei, die Aussagen des Autors fest in Ihrem Kopf zu verankern.

des Umsatzes – der zeitliche Aufwand ist meist nicht analog zum Umsatz, sondern zur Kundenzahl.

Kombiniere ...

Zahlreiche Möglichkeiten der effizienten Textbearbeitung eröffnen sich, wenn Sie die flexiblen Lesestrategien geschickt kombinieren. Sehr schnell können Sie sich so in groben Zügen mit einem Text vertraut machen, noch bevor Sie ihn im engeren Sinn *gelesen* haben. Mein Vorschlag, der Ihre Phantasie und Ihre Lust am Ausprobieren anregen soll, beschreibt nur eine der vielen möglichen Vorgehensweisen (z. B. bei einem Sachtext):

1. *Kurze Vorausschau* auf den gesamten Text für einen ersten Eindruck: nur die wichtigsten Sinnsignale wahrnehmen (Überschriften, Fettdruck, häufige Wörter, Aufzählungen), nie «klebenbleiben» und ganze Sätze lesen.
2. *Skimmen des ersten und des letzten Absatzes.*
3. *Paragraphing* des übrigen Textes: An lohnenden Stellen lesen (oder *skimmen*) Sie nur (!) die ersten 1–2 Sätze vollständig.
4. *Scannen* von ausgewählten Passagen des Textes unter dem Aspekt Ihrer Fragestellung.
5. *Abschließender Überblick* [18]: Im gesamten Text bewusst noch einmal die Sinnsignale wahrnehmen. Notieren Sie sich dabei Schlüsselbegriffe, die Sie als wichtig erkannt haben.

Meinen Sie, den Text jetzt noch richtig lesen zu müssen?
Experimentieren Sie ein wenig und erleben Sie selbst, dass ein mehrfaches Durchgehen des Textes mit unterschiedlichen Techniken – *vor* dem eigentlichen Lesen – sehr schnell zu einem rudimentären Grundverständnis führt, das Ihnen in vielen Fällen eine weitere Beschäftigung mit dem Text ersparen kann.

---

18 Die Forschungsliteratur unterscheidet im Bereich Textbearbeitungsstrategien erheblich mehr Kategorien als wir. Entsprechend stark ausdifferenziert ist die dort verwendete Terminologie (vgl. LESEFIT-Rucksack, S. 18ff.). Wir dürfen uns vielleicht mit diesem Hinweis begnügen, weil wir unseren Lesern den praktischen Zugang zu den Lese-Strategien nicht durch zu viel Theorie verstellen möchten. In diesem Sinne verwenden wir den Begriff «Überblick» eher umgangssprachlich.

Auf den vorangegangenen Seiten habe ich Ihnen einige effiziente Vorgehensweisen beschrieben, die Sie intuitiv vielleicht schon angewandt haben. Vertrauen Sie von jetzt an *bewusster, konsequenter und systematischer* auf ihre Anwendung und auf ihren Gewinn!

«Es geht um Russland!» oder: Womit Sie Woody Allen verblüffen könnten

Glauben Sie bitte nicht, ich wolle Sie dazu antreiben, einfach alles so schnell wie möglich zu lesen und über die Texte nur großzügig «hinwegzuhuschen». Sie kennen ja vielleicht den berühmten Witz von Woody Allen: «Ich habe an einem Schnelllesekurs teilgenommen und ‹Krieg und Frieden› in einer Stunde gelesen: Es geht um Russland.» Treffend wird mit diesem Witz die verbreitete Meinung aufgegriffen, ein Lesetraining führe lediglich dazu, schnell, oberflächlich und notwendigerweise auf Kosten des Verständnisses durch die Bücher zu rasen. Aber ein effizienter Leser zeichnet sich dadurch aus, dass er unterschiedliche Techniken mit verschiedenen Geschwindigkeiten sinnvoll kombiniert – und nicht einfach nur schnell ist. Vor allem ist es wichtig, die Lesegeschwindigkeit und -intensität zu variieren. So wie Sie beim Autofahren im dichten Stadtverkehr in rascher Folge die Gänge wechseln, passen Sie auch Ihr Leseverhalten an – es gibt immer Textteile, die Sie schneller lesen können oder für die eine Vorausschau völlig genügt.

Wahrscheinlich haben Sie nach 15 Minuten Vorausschau auf «Krieg und Frieden» bereits mehr herausgefunden als Woody Allen. Sie wissen vielleicht schon: Der Roman spielt in der napoleonischen Zeit – Anfang des 19. Jahrhunderts –, es werden die Schlachten bei Austerlitz und Borodino beschrieben, der Brand Moskaus, die Petersburger Gesellschaft mit ihren Problemen, und ein Fürst Andrej Bolkónski (oder so ähnlich …) spielt eine zentrale Rolle. Sehr wahrscheinlich nehmen Sie noch einige weitere Namen, Orte und Handlungselemente auf und haben einen soliden ersten Eindruck vom Inhalt gewonnen. Sie können jetzt gut entscheiden, ob Sie das Buch später richtig lesen möchten – und dann gegebenenfalls gaaanz langsam, weil Sie die Sprache des Romans auf sich wirken lassen wollen. Wenn Sie möchten, vergessen Sie alles, was in diesem Buch zum Thema Leseeffizienz gesagt wird. Sie können genießen, entspannen, in eine andere Welt hineinfallen, ohne an eine «schnöde» Informationsaufnahme denken zu müssen. Vielleicht stellen Sie aber auch fest, dass «Chunken», Vorwärtsorientierung und ein höheres Lesetempo die Konzentration steigern und es Ihnen damit leichter fällt, die Alltagsprobleme auszuschalten. So könnten denn (wider Erwarten?) die effizienten Techniken auch den Lesegenuss erhöhen!

Das Genusslesen erfordert Zeit, vielleicht auch Muße. Diese knappe Ressource gewinnen Sie, indem Sie viele andere Texte (jedenfalls mehr als bisher!) mit flexibler Lesestrategie schneller und mit großenteils besserem Verständnis bearbeiten. Dafür trainieren Sie jetzt im abschließenden Praxisteil wieder Ihre Dynamik und gewinnen weiteres Vertrauen in den Umgang mit den neuen Techniken.

 **PRAXIS V, SEITE 213**

VI Wissen erarbeiten: Besser lesen. Mit System.

Textverstehen als mehrstufiger Prozess

Wir verlassen jetzt die Romanleser, die wir am Ende von Kapitel V mit ins literarische Beiboot genommen hatten, und beziehen uns hier ausschließlich auf Texte zur Informationsaufnahme. Das durchschnittliche Textverständnis im deutschsprachigen Raum liegt, wie schon erwähnt, lediglich bei ca. 55 %. Unmöglich kann der vorausgegangene Leseprozess optimal gewesen sein! Erstaunlicherweise sind viele Menschen aber nur mit ihrem Ergebnis unzufrieden und gar nicht so sehr mit ihren Techniken! Es ist ja auch keine angenehme Vorstellung, sich von jahrelang eingeübten Gewohnheiten lösen zu müssen, die bei aller Unvollkommenheit doch wenigstens funktionierten. Wenn die Augen «wie von selbst» zurückspringen wollten – warum nicht? Schließlich hat sich dann wohltuend bestätigt, dass man vorher schon alles richtig verstanden hatte … Dass diese Gewohnheit das Verständnis sogar behindern könnte, kommt einem so schnell nicht in den Sinn.

Aber selbst wenn wir schließlich erkannt haben, wie sehr die vertrauten Muster uns schaden können, ist es gar nicht so leicht, sie aufzugeben. Dieses Phänomen kennen wir aus vielen anderen Bereichen: Rauchen, Essen, mangelnde Bewegung usw. Auch bei der Umstellung auf die neuen Lesetechniken müssen Sie nicht nur innerlich dafür bereit sein, sondern sich den berühmten «Ruck» geben, sie wirklich anzuwenden. Vielleicht motiviert es Sie zu wissen, dass Sie schon recht schnell nachweisbare Erfolge erzielen können, wenn Sie es schaffen, konsequent mit sich zu sein (im Kurs sehen wir die positive Entwicklung bereits nach zwei Tagen). Haben Sie also den Mut zur Veränderung, indem Sie mit guten Blickprozessen und ohne Regression einfach probeweise ein richtig hohes Tempo vorlegen! Es zwingt Sie ja keiner, den Text nach dem einmaligen Lesen wegzuwerfen! Jederzeit können Sie im Anschluss an das «Höllentempo» zu denjenigen Textstellen zurückgehen, die Sie gern genau lesen möchten. Auch für dieses Vorgehen wollen wir eine sinnvolle Struktur vorschlagen, die als Orientierung dienen kann.

An dieser Stelle möchten wir die bisher beschriebenen Einzelelemente des besseren Lesens zusammenführen und Sie hoffentlich endgültig davon überzeugen, dass durch die neuen Techniken Ihre Lesezeit besser investiert ist als bisher. Ein mehrstufiger (mehrmaliger) Leseprozess ist letztlich effizienter als die weitverbreitete Methode, sich ein einziges Mal langsam durch den Text zu kämpfen (mit dem Anspruch, alles sofort zu verstehen und der Angst, nichts zu verstehen …).[19] Ein «mehrstufiger Leseprozess» bedeutet, einen Text mit unterschiedlichen Techniken und Geschwindigkeiten *mehrmals unmittelbar nacheinander* wahrzunehmen. Die Anzahl der «Stufen» und die Kombination der Techniken hängen allerdings grundsätzlich von dem Einzelfall ab.

Ein mehrstufiger Prozess könnte beispielsweise so aussehen: Sie führen eine *Vorausschau* durch, dann verschaffen Sie sich einen Gesamteindruck von dem Text, indem sie ihn vollständig

19 «Je häufiger und intensiver bestimmte ähnliche Muster angeboten werden und als Signale vom Gehirn aufgenommen und verarbeitet werden, desto größer und intensiver wird die Repräsentanz dieser Muster in unserem Gedächtnis. Das verweist darauf, dass wir z. B. Übungsformen favorisieren sollten, die häufiger, aber kürzer angelegt sein sollten.» Schirp, *Neurowissenschaften*, 2007, S. 105.

in *schnellem Tempo* lesen, und im dritten Schritt vertiefen Sie einzelne Stellen durch ein *sorgfältiges Lesen* (zum Vorgang des Markierens, den man hier integrieren könnte, s. Kap. VI, S. 106). Für diese drei Schritte benötigen Sie vermutlich nicht mehr Zeit als für das einmalige langsame Durchlesen. Ihre Ausbeute ist aber deutlich größer! Mit der bisherigen Technik haben Sie nämlich einen Text z. B. in zwei Stunden lediglich *gelesen*. Wenn Sie sich aber mit einer Vorausschau einstimmen und dann, gut vorbereitet, ein zügiges Lesen mit den neuen Techniken anschließen, bleibt sehr viel Zeit, sich gezielt einzelnen Aussagen des Autors näher zu widmen, sie zu reflektieren und zu prüfen – über das bloße Lesen hinaus. Das mehrfache Wahrnehmen ist ein qualitativ spürbarer Gewinn für das inhaltliche Begreifen – und darüber hinaus auch für die Merkfähigkeit! Denn die Auseinandersetzung mit dem Text auf der «dritten Stufe» trägt dazu bei, ihn im Langzeitgedächtnis anzudocken.

Das Geheimnis der Effizienz liegt in der Auswahl der richtigen Strategien für diese mehrstufige Aneignung des Textinhalts. Bei Verträgen könnten Sie z. B. erst eine Vorausschau und dann ein «Scanning» der kritischen Punkte durchführen, denen ein – evtl. sogar mehrfaches – gründliches Lesen folgt, weil jedes Wort wichtig ist. Da Sie die entscheidenden Passagen des Dokuments dann schon kennen, können Sie die Aufmerksamkeit auf diese Weise entspannter auf die übrigen Vertragsbestandteile richten. Nicht in jedem Falle ist ein solch mehrstufiges Vorgehen mit einem geringeren Zeitaufwand verbunden. Aber garantiert mit einem besseren Verhältnis von Aufwand und Ertrag!

Der Einsatz der flexiblen Lesestrategien zielt zwar nicht unbedingt auf ein 100 %iges Verständnis, ermöglicht jedoch durchaus einen eigenständigen, kritischen Zugang zu Texten. Gerade das eifrige Nachvollziehen aller Einzelgedanken des Autors führt nicht selten dazu, dass man zu wenig Abstand von seiner Perspektive halten kann und ihm nur noch «hinterherdenkt».

Beschränkt man sich hingegen mit einem gewissen Mut zur Lücke auf die wesentlichen Aussagen, gelingt ein souveräner Umgang mit dem Text schon viel eher. So lässt sich nicht nur ein zeitlicher, sondern auch ein inhaltlicher Vorteil gewinnen.

... und was sagt das Gedächtnis zu unseren Lese-Empfehlungen?

Wir möchten Ihnen hier kurz verdeutlichen, wie das Gedächtnis funktioniert, um Ihnen die Entscheidung zu erleichtern, wie Sie lesen wollen. «Zufällig» entsprechen unsere Lesetechniken nämlich der natürlichen Arbeitsweise des Gedächtnisses, sodass die empfohlenen «Werkzeuge» einen Doppelnutzen haben – einerseits für das effizientere Lesen, andererseits für das bessere Einprägen.

Unser Gedächtnis besteht, vereinfacht gesagt, aus drei Kammern.[20]

20 Wir beziehen uns hier auf die Vorstellung vom Gedächtnis als einem Mehrspeichersystem. In der Fachliteratur werden bei dieser Analogie zahlreiche «Kammern» angenommen, die mit einer differenzierten und auch nicht immer einheitlichen Terminologie bezeichnet werden. So begegnet Ihnen unser «Wahrnehmungsspeicher» dort z. B. als «Sensorischer Speicher» oder als «Ultrakurzzeitgedächtnis». Das Kurzzeitgedächtnis wird inzwischen als «Arbeitsgedächtnis» mit mehreren Kammern aufgefasst. Ebenso kennt man auch unterschiedliche Ausprägungen des Langzeitgedächtnisses. Wir verzichten jedoch auf eine exakte Anpassung an die wissenschaftliche Literatur, weil hier eine vereinfachte Darstellung genügt. Für die Beschreibung der verschiedenen Gedächtnismodelle (Mehrspeichermodell und Mehrebenenansatz) sowie als Grundlage unserer Ausführungen vgl. Lefrançois, *Psychologie*, 2006; Lukesch, *Psychologie*, 2001; Müsseler, *Psychologie*, 2008; Parkin, *Erinnern*, 2000; Schermer, *Lernen*, 1998.

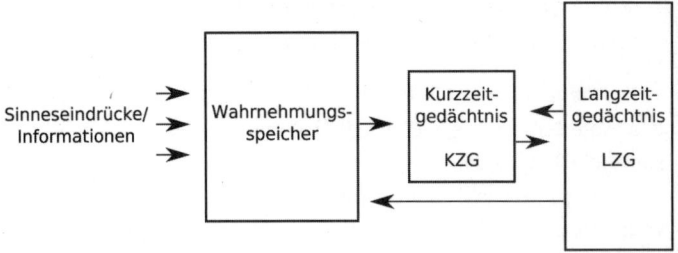

Der Wahrnehmungsspeicher

Der Wahrnehmungsspeicher ist unsere persönliche Schnitt-
stelle zu der Welt, die uns umgibt. Deshalb beginnen wir auch
mit ihm. Alle Informationen, die wir – bewusst oder unbewusst – aufnehmen, gelangen zuerst dorthin. Er verfügt einerseits über eine extrem hohe Kapazität, andererseits zerfallen
die Wahrnehmungen schon innerhalb weniger Augenblicke.
Glücklicherweise! Denn wir würden verrückt werden, wenn wir
das komplette Geschehen um uns herum längere Zeit im Kopf
behalten müssten. Spätestens nach einer Sekunde ist von den
unzähligen Sinneseindrücken nichts mehr vorhanden – es sei
denn, wir richten unsere Aufmerksamkeit gezielt auf bestimmte
Informationen, die wir für wichtig halten. Dadurch lösen wir
sie aus der ungeheueren Flut von Wahrnehmungen heraus und
transportieren sie in Richtung Kurzzeitgedächtnis zum Zwecke
der «Weiterverarbeitung». Diese Aufmerksamkeit wird ganz
entscheidend von unserem Interesse, unseren Erwartungen
und in hohem Umfang von unseren Emotionen bestimmt –
selbst wenn es sich um ein Sachthema handelt. Mehr Aufmerksamkeit bedeutet: mehr Lernen. Während eines Gesprächs bei
einem Waldspaziergang nehmen Sie vielleicht den Gesang der
Vögel wahr. Aber nur wenn Sie Ihr Interesse darauf richten, werden Sie lernen, die Vogelstimmen zu unterscheiden.

> **Konsequenz für das Lesen: Setzen Sie sich Leseziele
> und stellen Sie Fragen an den Text**

Wenn Sie den kontinuierlichen und raschen Löschungsprozess des Wahrnehmungsspeichers dem Zufall überlassen, erhalten sämtliche Sinneseindrücke den gleichen Stellenwert. Wichtiges wird möglicherweise nicht erkannt und nicht an das Kurzzeitgedächtnis weitergegeben. Zudem besteht die Gefahr, dass Ihr Gehirn durch andere Eindrücke von dem eigentlichen Ziel abgelenkt wird: Das Gespräch der Kollegen erhält schnell dieselbe Aufmerksamkeit wie das wichtige, aber nicht so spannende Strategiepapier. Die Fragen an den Text sollten also möglichst konkret sein, damit Sie durch eine entsprechende Erwartungshaltung rasch die wesentlichen Aussagen entdecken.

Das Kurzzeitgedächtnis

Das Kurzzeitgedächtnis bestimmt, welche Informationen aus dem Wahrnehmungsspeicher weiterverarbeitet werden sollen. Viel Zeit bleibt ihm dafür nicht: Denn nach etwa 20 Sekunden sind auch hier die (visuell aufgenommenen) Daten verfallen. Außerdem kann es während dieser Prüfung nur eine begrenzte Menge an Informationen bereithalten. Man geht von etwa fünf Elementen (plus/minus zwei) aus, die «online» zur Verfügung stehen. Das wäre deprimierend wenig, wenn es nicht einen großen Vorteil gäbe: Der Umfang der Einheiten ist nicht festgelegt. Als Informationseinheit zählen hier Buchstaben, Zahlen oder Wörter genauso wie Satzteile oder vollständige Gedanken. Man kann also die Speicherkapazität des Kurzzeitgedächtnisses geschickt erweitern, indem man es mit möglichst großen bzw. aussagekräftigen Einheiten füllt.

Wir nutzen die zeitliche und mengenmäßige Begrenztheit des Kurzzeitgedächtnisses beim Lesen optimal, wenn wir bewusst Informationselemente zu einem größeren Ganzen bündeln: «Durch die Struktur des Lernmaterials, seine Bedeutung, können demnach mehrere Elemente zu einem ‹chunk› zusammengefasst werden. Gelingt die Herstellung eines sinnhaften Bezugs, lässt sich die Gedächtnisspanne erweitern».[21] Diese Methode wenden Sie z. B. schon an, wenn Sie die Ziffern von Telefonnummern oder Geheimzahlen in Gruppen zusammenfassen, um sie besser behalten zu können.

> ➤ **Konsequenz für das Lesen: Chunken unterstützt auch das Gedächtnis!**

Die Aufnahme von Einzelwörtern schränkt die Leistungsfähigkeit des Kurzzeitgedächtnisses dramatisch ein. Das gleichzeitige Erfassen mehrerer inhaltlich zusammenhängender Wörter führt hingegen zu einem schnelleren Textverständnis. Sinngruppen lassen einfach besser als einzelne Wörter innere Bilder entstehen und Aussagen erkennen. Darüber hinaus vermindern Sie durch «Chunken» die Tendenz zum Zurückspringen, besonders bei sehr langen Sätzen. Am Satzende ist der Satzanfang schon fast vergessen, wenn Sie Ihren Kurzzeitspeicher mit lauter Einzelwörtern überlasten, von denen viele nicht einmal eine entscheidende Bedeutung tragen!

Langzeitgedächtnis

Das im Langzeitgedächtnis gespeicherte Wissen ist die Folge unseres lebenslangen Lernens und gleichzeitig Voraussetzung für alle weiteren Denk- und Lernprozesse. So wird auch die

21 Schermer, *Lernen*, 1998, S. 125. Ähnlich Lukesch, *Psychologie*, 2001, S. 89: «Die Bildung von Chunks ist eine gute Methode, den Flaschenhals der Informationsverarbeitung zu erweitern. Besonders linguistische Recodierungen [hier: Neuverschlüsselungen von Informationen zu neuen Einheiten] sind effizient.»

Auswahl im Wahrnehmungsspeicher durch die stabilen Erfahrungen des Langzeitgedächtnisses gesteuert. Ebenso wird die Weiterverarbeitung im Kurzzeitgedächtnis letztlich von unserem Wissen und unseren Gefühlen im Langzeitgedächtnis dirigiert. Auf diese Zusammenhänge weisen die Pfeile in der Abbildung hin.

Das Langzeitgedächtnis ist weder zeitlich noch mengenmäßig begrenzt und bietet uns ein riesiges Reservoir an Wissen – wenn wir es denn erschließen können. Immer wieder erleben wir die Enttäuschung, dass wir uns das Gelesene und Erlebte nicht merken können. Wir vergessen Namen, Daten und Zusammenhänge, die wir genau zu kennen meinten. Die Abläufe im Langzeitgedächtnis sind jedoch hochkomplex. «Ein Gedanke hat keinen festen Sitz im Kopf; er ist vielmehr eine über das ganze Gehirn verstreute Erscheinung.»[22] Das Einprägen und Hervorholen des Gedankens geschieht deshalb am besten, wenn man diese Vernetzungen einkalkuliert.

> **➤ Konsequenz für das Lesen: Verknüpfungen herstellen und in der Logik des Textes bleiben!**
>
> Das Erinnern der gespeicherten Information funktioniert sehr gut über Verknüpfungen: logische Beziehungen (Ursache/Wirkung, Problem/Lösung, Teil/Ganzes), Bilder und Vorstellungen (sehr hilfreich: MindMaps[23]) oder Eselsbrücken, z.B. konkav (wie Tal = nach innen gewölbt); konvex (wie Berg = nach außen

---

22 Blech, *Sprache*, 2008, S. 139.

23 MindMaps (entwickelt von Tony Buzan): Das zentrale Thema wird in der Mitte des Blattes dargestellt. Davon zweigen nach außen verschiedene Hauptäste mit weiteren Nebenästen ab, an denen die Hauptaussagen und die dazugehörigen Informationen als Schlüsselwörter ausgewiesen werden. Farben und Bilder sollen die kreative Arbeitsweise des Gehirns unterstützen.

gewölbt). Lerninhalte mit Gefühlen zu assoziieren trägt ebenfalls zu einem guten Erinnern bei (gemeinsam lernen, anderen die Inhalte vortragen, lebhafte Diskussionen, Anerkennung einer Leistung). Nutzen Sie beim Lernen in jedem Fall diese Vielfalt möglicher Verknüpfungen und versuchen Sie stets, neue Informationen bewusst an Ihr Wissen anzudocken.

Logische Beziehungen herstellen zu können erfordert den Überblick über den gesamten Text. Wird er jedoch in Einzelbotschaften zerteilt, über die man getrennt voneinander nachdenkt (z. B. durch häufiges Zurückspringen), fallen solche Verknüpfungen schwer. Deshalb ist es vorteilhafter, sich zunächst auf die Logik des Autors einzulassen und seiner (hoffentlich schlüssigen) Argumentation zu folgen.

Die **Eselsbrücke PQRST** bietet eine gute Hilfe, sich den Inhalt geschriebenen Materials zu merken:

P = Preview (Vorausschau über den Text)

Q = Question (Fragen an den Text stellen)

R = Read (Lesen des Textes, zunächst ohne Einprägen / Bewerten)

S = State (Formulieren / Visualisieren der Antworten) – manchmal auch «Summarize» (zusammenfassen)

T = Test (in Intervallen testen, ob man das Gelernte gut erinnert)

Die Beachtung der Reihenfolge von PQRST entspricht genau unseren Vorstellungen von guten, vertiefenden Lesestrategien.

Wiederholungen: unentbehrlich für langfristiges Behalten

Informationen prägen sich besser ein, wenn sie auf unterschiedliche Weise abgespeichert und im Zuge des Abrufprozesses auf verschiedenen Wegen wieder «hervorgelockt» werden. Wie auf S. 95 angedeutet, verankert schon der mehrstufige Leseprozess erste Ergebnisse im Gedächtnis. Er überlappt sich teilweise mit dem gezielten Vorgang des Einprägens durch Wiederholung, der jedoch auch ein eigenes Verfahren darstellt. Dieses ist für ein langfristig haltbares «Einschreiben» von Textinhalten in das Gedächtnis unumgänglich. Dabei spielen die Anzahl der Wiederholungen und die zeitlichen Abstände eine große Rolle. Insgesamt lässt sich feststellen, dass kurze, aber häufige Wiederholungen in immer größer werdenden Abständen zu dem besten Lernergebnis führen. Wirkungsvoll für den Wiederholungsprozess sind wiederum ein mehrstufiges Vorgehen und ein variabler Griff in den «Werkzeugkasten» der Techniken und Strategieoptionen. Oft ist es nämlich nicht erforderlich, den Text noch einmal vollständig zu lesen – mit den flexiblen Lesestrategien können Sie den Ablauf schneller und motivierender gestalten.

Als erster Wiederholungsdurchgang (am besten einige Stunden oder einen Tag später) könnte sich nach einem kurzen Überblick über die «Wiedervorlage» das «Paragraphing» anbieten, mit dem Sie sich die Grundzüge noch einmal in Erinnerung rufen und reflektieren. Oft entstehen Ihre eigenen kreativen Gedanken überhaupt erst bei diesem Wiederholen, weil Sie die Darstellung des Autors bereits etwas verarbeitet haben. Im zweiten Durchgang könnten Sie einige zentrale – vielleicht schon markierte – Begriffe aus dem Text heraussuchen (Scanning) und aus dem Gedächtnis etwas zu ihrer Bedeutung sagen. Nach ein paar Tagen oder genau dann, wenn der Text «dran» ist, «skimmen» Sie ihn nochmals zügig durch und testen sich, ob Sie sich anschließend an den Inhalt erinnern, ohne in den Text zu sehen.

Schwierige Texte lesen und behalten

Aus unserer langjährigen Erfahrung in Vorträgen und Kursen wissen wir, dass viele Zuhörer und Teilnehmer immer auf der Suche nach Beispielen sind, bei denen sie unsere Empfehlungen *nicht* umsetzen können. Der innere Schweinehund und der gewohnte Trott gewinnen rasch wieder die Oberhand über unsere Sehnsucht nach Veränderung. Und wenn es die ersten Herausforderungen zu bewältigen gilt (das Anwenden der angeblich so effizienten neuen Methoden), flüstert schnell eine verführerische innere Stimme: «Habe ich denn wirklich jahrzehntelang so viel falsch gemacht? Geht es mit meinen alten Gewohnheiten nicht letztlich doch besser?» So schränken wir unsere Offenheit gegenüber dem Neuen und damit auch unser Entwicklungspotenzial kräftig ein – und schnell wird eine solche Haltung zu einer sich selbst erfüllenden Prophezeiung: Weil wir eine Verbesserung gar nicht mehr für möglich halten, bauen wir innere Blockaden gegenüber den neuen Techniken auf – und damit kann sich auch kein Fortschritt einstellen.

Solche Zweifel ergeben sich insbesondere bei sehr schwierigen Texten: wissenschaftliche, philosophische, juristische Literatur, komplizierte Verträge, komplexe Handbücher etc. Aber warum glauben Sie eigentlich, dass Sie diese Texte komplett anders lesen müssen? Gelten hier ganz andere Kriterien? Sicher nicht! Was wäre denn falsch an den bisherigen Empfehlungen, dass sie hier keine Anwendung finden könnten?

Die Grundsätze des effizienten Lesens gelten auch für Texte mit Fachvokabular, anspruchsvollem Inhalt und «mehrstöckigem» Satzbau. Man könnte sogar sagen: Gerade für diese Texte gelten unsere Techniken, da sie «erwachsenengerecht» sind. Für eine angemessene Erarbeitung bedarf es allerdings einiger zusätzlicher Überlegungen: Ein Großteil der in diesem

Buch vermittelten Techniken beruht nämlich auf der automatisierten Wort- und Sinnerkennung, die wir uns im Laufe unseres Leselebens aneignen. Diese ist bei schwierigen Texten eben nur bedingt möglich, vor allem wenn sie von Themen handeln, in die man sich noch einarbeiten muss. Das Gehirn sieht dann nämlich die neuen Wörter und Gedanken erstmals und braucht etwas mehr Zeit, um sie aufzunehmen und «mitspielen» zu lassen. Oftmals ist ein Subvokalisieren oder sogar lautes Aussprechen dafür erforderlich – schon deshalb dauert der Vorgang etwas länger. Daher möchte ich Ihnen an dieser Stelle sechs spezielle Hinweise geben, wie Sie schwierige Texte besser bewältigen können.

1. Extrem wichtig: Vorausschau wagen!

Ich befürchte, Sie mögen das Wort «Vorausschau» kaum noch hören, aber mit ihr steht und fällt nun einmal der Zugang zu jedem Text. Für schwierige Texte gilt dies in besonderem Maße, da man sie sich stärker noch als andere schrittweise erarbeiten muss. Ob in Gestalt von Vorabeindrücken, Teilerkenntnissen, grundsätzlichen Ideen, Motivationsschüben oder auch nur einigen aufgeschnappten Fachwörtern oder Namen – der gedankliche Beitrag der Vorausschau stimmt Sie auf eine angemessene Bewältigung der «schweren Brocken» ein.

Je schwieriger der Text, desto intensiver und länger sollte die Vorausschau sein (aber setzen Sie sich ein Zeitziel! Die angesprochenen fünf Sekunden sind dann sicherlich nicht ausreichend, aber wenn Sie deutlich über 15 Sekunden hinausgehen, besteht die Gefahr, dass Sie ins Lesen verfallen). Ziehen Sie ggf. die Technik des Absatzspringens mit heran, d. h., beachten Sie besonders die Absatzanfänge, um den meist systematischen Aufbau von Fachtexten zu nutzen. Bringen Sie vor allem ein wenig Abwechslung hinein und betreiben Sie die Vorausschau vielleicht schon als ein spielerisches Blättern und Schmökern am Ende eines Arbeitstages (zur Vorbereitung des nächsten) oder in Phasen niedriger Motivation, wenn Sie bei anderen Themen gerade nicht vorankommen. Verzichten Sie nie auf dieses erstklassige Werkzeug!

2. Lesetempo variieren!

Die Vorausschau wird Sie dabei unterstützen, Ihr späteres Lesetempo zu differenzieren, weil Sie schon wissen, wo die Stoppschilder stehen und wo Sie «grünes Licht» erwartet. «Beschleunigen» und «bremsen» Sie wie beim Auto- oder Fahrradfahren – auch ein schwieriger Text kann einfache, vertraute oder etwas weniger wichtige Passagen enthalten, die Sie schneller bewältigen. Sie gleichen damit den Zeitaufwand für die komplizierten Absätze aus.

3. Mit einem Schritt in den vierten Stock?

Gerade für die schwierigen Texte gilt: lieber mehrmals zügig lesen als einmal ganz langsam! Denken Sie an die Vorteile des mehrstufigen Leseprozesses; hier lohnt es sich sogar, einige Stufen mehr einzubauen. Jede Wegstrecke verliert ihren Schrecken, wenn man sie sich sinnvoll in einzelne Schritte unterteilt. Banal, aber wahr.

Bezwingen Sie vor allem den gewohnheitsmäßigen Anspruch, alles sogleich perfekt bewältigen zu müssen: Nehmen Sie sich die Freiheit, einen Text oder zumindest einen einzelnen Absatz erst einmal vollständig durchzugehen und Verständnislücken zu tolerieren. Lassen Sie sich überraschen, welche Inhalte Sie ohne Regression und, ohne zu verweilen, bereits bei dem ersten Durchgang verstehen und wie viele Unklarheiten sich durch die konsequente Orientierung nach vorn von selbst auflösen. Wenn Sie sich in einer Textpassage mit dieser Vorgehensweise extrem unwohl fühlen, markieren Sie nur die Stelle am Rand und kommen ggf. später darauf zurück.

4. Erst verstehen, dann bewerten – effizient markieren!

Versuchen Sie, die Gedanken des Autors möglichst genau nachzuvollziehen, bevor Sie sie einstufen, kommentieren oder kritisieren. Sie können den Prozess des Nachvollziehens von dem der Bewertung sehr leicht mit Hilfe zweier unterschiedlicher Markierungsvorgänge trennen (das unsystematische, spontane Anstreichen am Rand während der Vorausschau ist hier ausgenommen):

Das Hervorheben der Grundgedanken des Textes sollten Sie frühestens nach dem ersten richtigen Lesen eines ganzen Absatzes vornehmen, besser aber nach Abschluss der gesamten ersten sorgfältigen Lektüre, um den Leseprozess nicht zu unterbrechen. Sofortiges Unterstreichen beim Lesen lenkt ab und verleitet dazu, übermäßig viel zu unterstreichen. Wenn Sie in jedem Absatz nur den Hauptgedanken markieren, schärfen Sie Ihren Blick für das Wesentliche und erleichtern ein späteres Absatzspringen/Paragraphing.

Die Bewertung des Textes sollte erst im nächsten Schritt geschehen. Am Ende des Kapitels (ggf. Absatzes) bewerten Sie den Text mittels Ausrufe- bzw. Fragezeichen oder Kommentaren/Stichworten am Rand. Auch hier ist es sinnvoll, sich ein individuelles Schema zu schaffen, das im Prinzip bei allen Texten einsetzbar ist. So müssen Sie Ihre private Systematik nicht jedes Mal neu «erfinden». Durch das sorgfältige sichtbare Ordnen nach Wichtigkeit schaffen Sie die Grundlage für differenzierte Wiederholungen (z. B.: flüchtige Wiederholung = nur die Passagen mit Ausrufezeichen berücksichtigen; gründliche

Wiederholung = sämtliche Passagen mit Markierungen einbeziehen).

5. Wortschatz erweitern!

Fremdwörter sind oft wichtige Sinnsignale. Je schneller und systematischer Sie Ihr Gehirn mit dem Vokabular Ihres speziellen Fachgebiets vertraut machen (evtl. sogar durch Niederschreiben mit der Hand), desto seltener stolpern Sie beim Lesen über unbekannte Begriffe, Namen oder Abkürzungen. Sie werden bald feststellen, dass zentrale Begriffe immer wieder vorkommen. Wenn Sie auf diese Weise die Worterkennung zunehmend automatisieren, fällt es Ihnen auch leichter, in Sinngruppen und vorwärtsorientiert zu lesen.

6. Pausen machen!

Gerade bei schwierigen Texten sind häufige Pausen (wenigstens alle 90 Minuten) besonders wichtig. Im Idealfall sollten Sie nur 10–15 Minuten mit hoher Konzentration lesen, dann eine kleine Pause einlegen (s. Kasten «Konzentration» auf Seite 77) oder sich einer leichteren Aufgabe zuwenden. Oder Sie nutzen die Pause, um drei Minuten lang im Höchsttempo einen größeren Abschnitt eines leicht geschriebenen oder schon gelesenen Textes zu skimmen/überfliegen: eine perfekte Konzentrations-, Gehirn- und Leseübung – und damit sind Sie gut vorbereitet auf das Knacken der «harten Nüsse». Dann sind Sie nämlich wach!

Lesen und Tangotanzen –
Tipps für den Lernprozess

Sie fühlen sich noch nicht richtig wohl mit den neuen Lesetechniken? Ihr Kopf ist vollgestopft mit Regeln und Empfehlungen? Deshalb können Sie sich nicht mehr auf den Textinhalt konzentrieren? Entschuldigung, aber da müssen Sie durch – nach und nach wird es immer weniger chaotisch und am Ende sogar richtig gut! Ein solides Lesetraining baut darauf auf, dass Sie im ersten Schritt einfach nur die Blickprozesse verbessern und das Tempo deutlich steigern – koste es, was es wolle, auch um den Preis Ihrer «inneren Sicherheit». Allmählich gewöhnen Sie sich aber an die neue Geschwindigkeit, Sie fühlen sich nicht mehr gestresst, sondern registrieren Ihre besseren Blicktechniken. Irgendwann können Sie sich etwa bei dem Doppelten Ihres Ausgangstempos einpendeln. Am schnellsten verspüren Sie kleine Erfolge, wenn Sie nicht zu viele Neuerungen gleichzeitig umsetzen wollen, sondern sich lieber einige Seiten lang jeweils auf eine einzelne Technik konzentrieren.

Wir möchten lediglich Ihre vor vielen Jahren eingeübten Lesegewohnheiten um die logisch jeweils nachfolgende Stufe erweitern: Sinngruppen statt Einzelwörter, variabel statt perfektionistisch, differenziert statt gleichförmig, vorwärts statt rückwärts, (häufiger) stumm statt vernehmbar/«mithörend», Bedeutungen statt Symbole. Diese «Sinnsignale» genügen jetzt sicher, um noch einmal die Grundzüge der Theorie in Erinnerung zu rufen. Sie können parallel übrigens weiterhin mit den alten Techniken lesen, etwa bei anspruchsvollen Romanen oder Gedichten, in denen die Symbole selbst – Wörter, Namen, Formulierungen – oder die Satzmelodie ein großes Eigengewicht haben.

Wir haben es nicht verschwiegen, möchten es aber an dieser Stelle noch einmal ausdrücklich betonen: Sie können nicht per Knopfdruck auf die neuen Techniken umschalten! Es handelt sich vielmehr um einen längeren, durchaus anstrengenden Lernprozess mit Höhen und Tiefen, genau wie bei allen sportlichen, musikalischen oder kognitiven Lernprozessen. Denken Sie noch einmal daran, wie Sie vielleicht Fahrrad- oder Autofahren, Zehn-Finger-Tippen oder das Verwenden von Excel-Tabellen gelernt haben: Vor lauter Üben kam man gar nicht zu dem eigentlichen Vorhaben – jedenfalls am Anfang.

Ein gutes Beispiel für diesen Lern- und Veränderungsprozess ist die Tangotänzerin, die eine Zeitlang mit wenig Können, aber großem Vergnügen unbefangen in die Salons ging, viel improvisierte, sich spontan den Führungssignalen ihrer Tanzpartner anvertraute und durchaus Spaß bei der Sache hatte. Eines Tages beschloss sie, Unterricht zu nehmen und das Tanzen richtig zu lernen. Mit dem Ergebnis: Vorübergehend konnte sie erst einmal fast gar nicht mehr tanzen. Warum? Weil sie unentwegt an bestimmte Figuren, Schrittfolgen und Verzierungen denken, zwischen einfachen und Doppelschritten unterscheiden und auf zahlreiche Hinweise zur richtigen Körperhaltung achten musste. Aber allmählich gewöhnte sie sich daran, die neuen Bewegungen wurden selbstverständlicher, sie musste bei den einzelnen Figuren und Schrittfolgen gar nicht mehr nachdenken – und am Ende hatte sie erheblich mehr Spaß am Tanzen als zuvor.

Lernen als Erfolgserlebnis

Der Spaß stellt sich auch deshalb ein, weil das Lernen selbst ein spannender und erfüllender Prozess sein kann. Vor allem dann, wenn man mit den grundlegenden Lerngesetzen vertraut ist, die in jedem Bereich gelten – einerlei, ob beim Lesen oder beim

Tangotanzen. Dann weiß man nämlich, dass der Lernprozess nie vollständig linear verläuft, sondern immer von Phasen der Stagnation (Plateauphasen) und sogar von zeitweiligen Rückschlägen gezeichnet ist. Das bleibt auch Ihnen sicher nicht erspart, aber nehmen Sie's gelassen und freuen Sie sich auf den nächsten Aufschwung, der zwangsläufig folgen wird – sofern Sie nicht aufgeben!

Gehen Sie davon aus, dass dieser Lernprozess nie zu Ende sein wird. Jede Verbesserungsstufe öffnet die Tür zu weiteren Möglichkeiten, Ihr Potenzial zu nutzen. Das bessere Lesen führt meistens dazu, dass es größere Freude bereitet und man auch deutlich mehr liest. Die Folgen: mehr Automatisierung, mehr Vertrauen in die eigene Wahrnehmungs- und Aufnahmefähigkeit, ein größerer Wortschatz, eine breitere Wissensbasis, an die Sie «andocken» können, um neues Wissen zu verarbeiten etc. Es ist ein sich selbst verstärkender Prozess, den Sie mit der konsequenten Umsetzung jeder einzelnen Technik einleiten. Nutzen Sie diese Chance!

Was können Sie praktisch tun? Auf jeden Fall: dranbleiben! Nehmen Sie sich regelmäßig eine kleine Übungseinheit vor. Testen Sie beispielsweise Ihre Lesegeschwindigkeit mit Texten, die Sie ohnehin täglich zur Kenntnis nehmen. Gut geeignet sind (Zeitungs-)Artikel aus dem Internet, bei denen Sie mit Hilfe der Rechnerfunktionen die Wörter zählen können (zu finden unter dem Menü «Extras»; den Artikel vorher als Word-Dokument abspeichern). Bei Ihrer Lektüre stoppen Sie die Zeit und ermitteln Ihre Lesegeschwindigkeit in Wörtern pro Minute (WpM) folgendermaßen:

Textlänge in Wörtern : Lesezeit in Sek. x 60 Sek.

z. B. 520 (Wörter) : 130 (Sek. Lesezeit) x 60

= Lesegeschwindigkeit 240 WpM

Es liegt also an Ihnen, ob Sie Ihren Erfolg steigern können. Mit Aufmerksamkeit und Konsequenz erreichen Sie diese Steigerung allein, aber natürlich freuen wir uns, wenn Sie sich bei diesem Prozess durch unsere Kurse unterstützen lassen wollen. Die Vorteile eines Kurses liegen vor allem darin, dass Sie sich dem Thema Lesen einmal kompakt widmen: Zwei Tage lang können Sie sich auf eine kurzweilige Abfolge exakt aufeinander abgestimmter Übungen mit locker eingestreuten Theorieteilen konzentrieren. Die Betreuung durch den Trainer ermöglicht ein Gespräch über individuelle Fragen, und die Gruppendynamik trägt zu einem intensiven Lernen bei. In Firmenkursen stellen wir oft fest, dass das gemeinsame Erleiden der Umstellungsschwierigkeiten die Kollegen zusammenschweißt – das Training hat sozusagen Teambuilding-Charakter.

Himmelhochjauchzend? Zu Tode betrübt? Schreiben Sie uns!

Wenn Sie so vorgegangen sind, wie es uns am liebsten gewesen wäre, nämlich in der Abwechslung von Theorie und Praxis, dann sind Sie hier am Ende des Buchs angekommen. Wenn Sie jedoch zuerst die Theorie komplett gelesen haben, dann werden unsere Schlussworte Sie hoffentlich nicht davon abbringen, sich jetzt intensiv dem Praxisteil zu widmen.

Wir wünschen Ihnen, dass Sie Ihren Erfolg genießen werden, und hoffen, dass wir mit diesem Buch etwas dazu beitragen konnten. Wir würden uns freuen, wenn Sie uns Ihre Erfahrungen dazu mitteilen – natürlich auch, wenn es (noch!) nicht so gut geklappt hat. Die Verbesserung der Lesefähigkeiten ist – wie viele Studien immer wieder beweisen – für die ganze Gesellschaft ungeheuer wichtig. Mit diesem Buch wollen wir dazu einen Beitrag leisten. Wir wissen aber auch, dass sich unsere Empfehlungen und die Art und Weise ihrer Vermittlung weiterentwickeln müssen. Wenn Sie Lust haben – helfen Sie uns dabei!

... und wenn es eine Neuauflage gibt, verschicken wir gerne ein paar Bücher als Dankeschön (unter Ausschluss des Rechtswegs).

BESSERES LESEN MUSS MAN ÜBEN

(PRAXIS)

I Wie effizient lesen Sie jetzt?

Praxis I – Freies Lesen

Wie viele Wörter schaffen Sie pro Minute? Sind Sie neugierig
geworden auf die Messung Ihres eigenen Lesetempos? Dann
lesen Sie doch einmal den nachfolgenden Text in dem Tempo,
das Sie bei einem solchen Thema typischerweise anwenden.

> **Vorgehen**
>
> Legen Sie sich eine *Stoppuhr* zurecht, die die Sekunden misst
> (z. B. auf Ihrem Handy), schneiden Sie den *Ergebnisbogen* auf
> S. 249 aus oder kopieren Sie ihn sich. Lesen Sie den Text und
> messen Sie die Zeit, die Sie für die Lektüre benötigen. Ermitteln
> Sie dann Ihre Lesegeschwindigkeit (wie, wird am Schluss des
> Textes beschrieben) und tragen Sie diesen Wert bitte auf Ihrem
> Ergebnisbogen ein (bei **FREIES LESEN / PRAXIS I**).

Stressabbau durch Lesekompetenz
(Auszug aus einem Vortrag)

Lässt sich Stress am Arbeitsplatz wirklich reduzieren oder gar
verhindern? Mit der Ratgeberliteratur zu diesem Thema lassen
sich ganze Bibliotheken füllen. Wir möchten uns hier vor allem
darauf beziehen, wie sich die wachsende Informationsflut meis-
tern lässt, denn sie ist ein wesentlicher Stressfaktor in der heu-
tigen Arbeitswelt, vielleicht sogar der größte. Dazu sollten wir
zunächst wissen, dass jeder arbeitende Mensch in einem Span-

nungsfeld steht, das in der Arbeitsmedizin mit den Begriffen «Belastung» und «Beanspruchung» beschrieben wird.

Unter «Belastung» versteht man alles, was von außen auf den Menschen einstürmt. Damit sind nicht nur die Anforderungen gemeint, die durch den Beruf selbst oder die Kollegen an den Menschen gestellt werden, sondern auch die privaten Verhältnisse. Man braucht gar nicht nur an Krankheit von Familienmitgliedern zu denken. Jedes normale Privatleben, sei es als Single oder mit Familie, kostet Zeit, Kraft und Geld, und die Gedanken daran beschäftigen uns durchaus auch während der Arbeitszeit und können uns stressen.

Unter «Beanspruchung» versteht man die Auswirkung dieser Belastung auf den Einzelnen. Das heißt, entscheidend ist, *wie* jemand auf eine Situation reagiert.

Gehen wir einmal von zwei Richtern aus, die jeweils den gleichen Aktenberg in einer bestimmten Zeit bearbeiten sollen. Der Stapel ist so groß, dass die Akten schon seitlich wegrutschen, und eigentlich ist es kaum in der vorgegebenen Zeit zu schaffen. Der eine Richter reagiert hektisch auf die Anforderung, der andere bleibt gelassen. Der hektische Typ (ohne Lesetraining, d. h. ohne System, mit den Aktenbergen umzugehen) wird sich gestresst und unter Druck fühlen, der gelassene Typ (idealerweise lesegeschult) vertraut darauf, dass er schnell die relevanten Informationen herausfiltern kann, und empfindet keinen Stress.

Es sind also nicht die Verhältnisse, die uns umgeben, nicht die Menge der Arbeit an sich, die als Stress bezeichnet werden darf. Man sagt zwar häufig: «Ich habe wieder viel Stress», meint aber die Berge auf dem Schreibtisch und die Termine, zu denen man atemlos hinjagt. Ausschlaggebend dafür, ob wir Stress empfinden oder nicht, ist jedoch unser individuelles Verhalten. Und unser Verhalten hängt eng mit unserer Kompetenz und auch mit der inneren Einstellung zusammen.

Nun sind die Verhältnisse allerdings oftmals derart katastrophal, dass sie nicht allein mit einer Verhaltensänderung bewältigt werden können. Das zu denken wäre ein Trugschluss. Es geht mir hier vielmehr um den grundsätzlichen Spielraum, über den man selbst verfügen kann. Man kann ihn nutzen, indem man die persönlichen Kompetenzen steigert. Das kann auf unterschiedliche Weise geschehen. In jedem Fall ist es mit Lernen verbunden. Man kann sich zum Beispiel spezielles Fachwissen aneignen oder Basisqualifikationen erwerben, mit denen sich die Arbeit insgesamt besser strukturieren lässt. Man aktiviert also die eigenen Ressourcen, um die Situation zu verbessern. In wissenschaftlichen Studien wurde nachgewiesen, dass man weniger Stress empfindet, je mehr man eine Situation unter Kontrolle hat.

Kontrolle verlieren wir u. a. dann, wenn wir das Gefühl haben, von zu vielen Informationen auf einmal überflutet zu werden. Die Informationsüberflutung ist als Auslöser von Stress am Arbeitsplatz inzwischen anerkannt. Wir müssen also einen intelligenten Umgang mit Informationen lernen, unabhängig davon, ob sie in den neuen Medien zu finden sind oder in den Akten und Papieren, die auch weiterhin über unseren Schreibtisch wandern werden.

Als eine Möglichkeit, Kontrolle über den sogenannten «Infostress» zu gewinnen, empfehlen Medienwissenschaftler ein Lesetraining. Es kann bei der Bewältigung des stetig steigenden Informationsangebotes helfen, weil es entscheidende Techniken vermittelt, die unentbehrliche Faktoren für eine umfassende Informationskompetenz sind. Deren eminente Bedeutung für die alltägliche Arbeit ist inzwischen weltweit anerkannt und wird immer häufiger thematisiert.

Informationskompetenz bedeutet – neben den technischen Aspekten – im Wesentlichen Lesekompetenz. Von einem Lesetraining muss man erwarten, dass es die entsprechend effizienten Methoden vermittelt. Aber es muss auch einen zeitgemäß souveränen Umgang mit Daten lehren. Es soll uns darin unterstützen, die Informationen zielgerichtet für unsere Bedürfnisse zu kanalisieren, d. h. zu selektieren und damit auch zu beschränken. Doch immer noch stellen wir uns dieser wachsenden Herausforderung mit Lesemethoden, die wir als Kind in der Grundschule gelernt haben. Lesen ist meistens die einzige Basisqualifikation, die seit der Grundschulzeit nicht weiterentwickelt worden ist.

UHR STOPPEN!

Lesen Sie jetzt Ihre benötigte Zeit ab und ermitteln Sie mit Hilfe der nachfolgenden Tabelle Ihre Lesegeschwindigkeit in Wörtern pro Minute (WpM).

Ermittlung der Lesegeschwindigkeit (WpM): Stressabbau

0–1 Min.	1–2 Min.	2–3 Min.	3–4 Min.	4–5 Min.
Zeit WpM	1.00 – 643	2.00 – 322	3.00 – 214	4.00 – 161
	1.05 – 594	2.05 – 309	3.05 – 209	4.05 – 157
0.10 – 3.858	1.10 – 551	2.10 – 297	3.10 – 203	4.10 – 154
0.15 – 2.572	1.15 – 514	2.15 – 286	3.15 – 198	4.15 – 151
0.20 – 1.929	1.20 – 482	2.20 – 276	3.20 – 193	4.20 – 148
0.25 – 1.543	1.25 – 454	2.25 – 266	3.25 – 188	4.25 – 146
0.30 – 1.286	1.30 – 429	2.30 – 257	3.30 – 184	4.30 – 143
0.35 – 1.102	1.35 – 406	2.35 – 249	3.35 – 179	4.35 – 140
0.40 – 965	1.40 – 386	2.40 – 241	3.40 – 175	4.40 – 138
0.45 – 857	1.45 – 367	2.45 – 234	3.45 – 171	4.45 – 135
0.50 – 772	1.50 – 351	2.50 – 227	3.50 – 168	4.50 – 133
0.55 – 701	1.55 – 335	2.55 – 220	3.55 – 164	4.55 – 131

5–6 Min.	6–7 Min.	7–8 Min.	8–9 Min.	9–10 Min.
5.00 – 129	6.00 – 107	7.00 – 92	8.00 – 80	9.00 – 71
5.05 – 126	6.05 – 106	7.05 – 91	8.05 – 80	9.05 – 71
5.10 – 124	6.10 – 104	7.10 – 90	8.10 – 79	9.10 – 70
5.15 – 122	6.15 – 103	7.15 – 89	8.15 – 78	9.15 – 70
5.20 – 121	6.20 – 102	7.20 – 88	8.20 – 77	9.20 – 69
5.25 – 119	6.25 – 100	7.25 – 87	8.25 – 76	9.25 – 68
5.30 – 117	6.30 – 99	7.30 – 86	8.30 – 76	9.30 – 68
5.35 – 115	6.35 – 98	7.35 – 85	8.35 – 75	9.35 – 67
5.40 – 113	6.40 – 96	7.40 – 84	8.40 – 74	9.40 – 67
5.45 – 112	6.45 – 95	7.45 – 83	8.45 – 73	9.45 – 66
5.50 – 110	6.50 – 94	7.50 – 82	8.50 – 73	9.50 – 65
5.55 – 109	6.55 – 93	7.55 – 81	8.55 – 72	9.55 – 65

Tragen Sie Ihren Wert auf dem Ergebnisbogen unter
FREIES LESEN / PRAXIS I bei «WpM» ein.

Zum Vergleich: Die durchschnittliche Lesegeschwindigkeit im deutschsprachigen Raum liegt bei 200 WpM. Doch was nützt Ihnen die Kenntnis Ihrer Lesegeschwindigkeit, wenn Sie nicht wissen, wie gut Sie den Text verstehen? Deshalb folgt nun ein Verständnistest. Die Erklärung zum Vorgehen finden Sie auf der nächsten Seite.

Praxis I – Verständnistest

1. Starten Sie die Stoppuhr, sobald Sie den Test zu lesen beginnen.

2. Lesen Sie den Text zügig und so aufmerksam, dass Sie anschließend Fragen zum Text beantworten können. Tragen Sie die Zeit, die Sie für das Lesen benötigt haben, im Ergebnisbogen bei **VERSTÄNDNISTEST/PRAXIS I** in der Spalte «Zeit» ein.

3. Ermitteln Sie auf der nächsten Seite anhand der Tabelle Ihre Lesegeschwindigkeit in Wörtern pro Minute (WpM). Tragen Sie diesen Wert auch auf dem Ergebnisbogen ein.

4. Gehen Sie weiter zu den Fragen auf der nächsten Seite. Beantworten Sie die Fragen möglichst spontan aus dem Gedächtnis – blättern Sie dabei nicht zurück. Kreuzen Sie jeweils nur eine der vorgeschlagenen Antworten an – sie muss einer Aussage des Textes entsprechen. Die Zeit für die Beantwortung der Fragen wird nicht gestoppt.

5. Vergleichen Sie auf der nächsten Seite Ihre Lösungen mit den richtigen Antworten. Den Prozentsatz der richtigen Antworten vermerken Sie bitte auf dem Ergebnisbogen (6 von 10 richtig = 60 %).

6. Ermitteln Sie die Messgröße für Leseeffizienz, die «Effective Reading Rate» (ERR), indem Sie Ihre Lesegeschwindigkeit (WpM) mit dem zuletzt ermittelten Prozentsatz (Verständnis in Prozent) multiplizieren.

Beispiel: 226 WpM und 60 % Textverständnis bedeuten:
226 x 0,6 = 136 (ERR)
Ihren errechneten Wert tragen Sie in den Ergebnisbogen ein.

Und jetzt los mit dem Verständnistest!

SCHLAF

von Katrin Passig/Aleks Scholz

aus: Lexikon des Unwissens [24)]

**BITTE DIESE SEITE ERST UMBLÄTTERN,
WENN SIE DIE STOPPUHR GESTARTET HABEN**

24 Alle fünf Texte aus Katrin Passig / Aleks Scholz «Lexikon des Unwissens», die wir mit freundlicher Genehmigung der Autoren und des Verlags für unsere Verständnistests nutzen durften, liegen hier in gekürzter Form vor.

Schlaf

Säugetiere tun es, Vögel tun es, Reptilien tun es. Amphibien und Fische sind immerhin manchmal etwas unaufmerksamer als sonst, und wie man vor wenigen Jahren herausgefunden hat, schlafen sogar Insekten – obwohl man bei den Mücken nachts leider nicht viel davon merkt. Die Kleine Taschenmaus schläft mehr als 20 Stunden am Tag, die Giraffe dagegen nur zwei. Manche Tiere, wie die Gorillas, schlafen viele Stunden am Stück, andere, wie die Kühe und diverse kleine Nager, immer nur ein paar Minuten. Die einen schlafen nachts, die anderen tagsüber, und dämmerungsaktive Tiere wie die Fledermäuse haben zwei Wachphasen.

Das menschliche Schlafverhalten entwickelt sich erst nach und nach. Ein Säugling schläft (auch wenn die Klagen junger Eltern nicht darauf schließen lassen) immerhin 16 Stunden, verteilt über den ganzen Tag; beim Erwachsenen bleiben davon im Schnitt noch acht Stunden übrig. Die individuelle Schlafdauer schwankt stark, so variiert das Schlafbedürfnis beim Menschen zwischen vier und zehn Stunden. So viel ist bekannt. Aber was bewegt Mensch und Tier zu diesem seltsamen Verhalten? Warum erledigen einige Tiere das, was im Schlaf offenbar erledigt werden muss, in viel kürzerer Zeit als andere? Wie kommt es, dass das Schlafbedürfnis bei allen Landsäugetieren, einschließlich dem Menschen, im Laufe des Lebens abnimmt? Wem, außer den Bettenherstellern, nutzt der Schlaf überhaupt?

Die naheliegendste Vorstellung von dieser Funktion des Schlafs ist die sogenannte Erholungs- oder Reparaturmethode: Wenn wir erschöpft sind, müssen wir schlafen, und da wir uns nach dem Aufwachen weniger müde fühlen, wird in dieser Zeit schon irgendeine Abnutzung im Körper rückgängig gemacht werden. So ganz kann das aber nicht stimmen. Zum einen müsste, wenn diese Hypothese zuträfe, eigentlich gerade die Giraffe nach ihrem 22-Stunden-Tag besonders lange schlafen. Das ist aber nicht der Fall: Je länger ein Tier wach ist, desto kürzer ist seine Schlafphase, denn Tiere halten sich (anders als etwa Programmierer) strikt an einen 24-Stunden-Tag. Zum anderen gibt es kaum Prozesse im Körper, von denen man sicher weiß, dass sie im Schlaf rückgängig gemacht werden.

Fleischfresser schlafen artenübergreifend am längsten, Pflanzenfresser am kürzesten, und Allesfresser, darunter auch die Menschen, liegen im Mittelfeld. Ein Tier, das den ganzen Tag grasen und sich vor Fressfeinden hüten muss, hat nicht viel Zeit zum Schlafen, während ein Löwe es sich nach dem Verzehr einer Antilope leisten kann, den Rest des Tages die Augen zuzumachen. Und da wir keine 24 Stunden brauchen, um das Nötigste zu erledigen, ist es sinnvoll, den Körper zu einer Tageszeit, in der er mehr Schaden anrichtet als nützt, einfach in einer Ecke abzulegen.

Eine verwandte Hypothese besagt, dass die Schlafdauer genetisch so eingerichtet ist, dass ein ökologisches Gleichgewicht aufrechterhalten werden kann. Raubtiere schlafen demnach länger als ihre Beute, um so eine «Überweidung» ihres Jagdgebietes zu vermeiden. Auch hier dient der Schlaf also vor allem der Vermeidung anderer, ungünstigerer Verhaltensweisen. Man kann sich gut vorstellen, wie die Programmierabteilung der Evolution auf solche Ideen verfällt, anstatt ein aufwendiges Feature wie die Vernunft einzubauen: «Schalten wir das Tier doch einfach vorübergehend ab, dann kann es wenigstens keinen Unfug anstellen.»

Der heutige Hauptgrund für das Schlafen muss allerdings gar nicht derselbe Grund sein, aus dem der Schlaf sich einmal entwickelt hat. Vielleicht diente das Schlafen ja anfangs einem bestimmten Zweck, im Laufe der Evolution kamen aber diverse Aufgaben hinzu, die man – wo der Körper schon so tatenlos herumlag – bei der Gelegenheit gleich mit erledigen konnte. Es spricht jedenfalls manches dafür, dass es einen guten Grund für das Schlafen gibt: Schlaf nimmt immerhin sehr viel Zeit im Leben ein, er verläuft artenübergreifend erstaunlich ähnlich, und zumindest Ratten sterben, wenn er ihnen vorenthalten wird. Wer diesen Grund klar benennen könnte, dem wäre, so der Schlafforscher James Krueger, ein Nobelpreis ziemlich sicher.

Einige Forscher wenden gegen alle diese Hypothesen ein, die Frage «Warum schlafen wir?» sei bereits falsch gestellt: Man müsse sich vielmehr fragen, warum wir eigentlich hin und wieder wach werden. Schlaf sei der natürliche Daseinszustand, den wir mit vielen schlichter gebauten Tierchen sowie den Zellen unseres eigenen Körpers gemein haben. Von Zeit zu Zeit unterbrechen wir ihn, um Lebensmittel aus dem Kühlschrank zu holen oder unsere Art zu erhalten. Praktischerweise ist die Frage, warum wir aufwachen, viel leichter zu beantworten als die nach den Ursachen des Schlafens: Meist liegt es daran, dass der Wecker klingelt. Einen Nobelpreis gibt es dafür leider nicht.

UHR STOPPEN!

Tragen Sie Ihre benötigte Zeit unter **VERSTÄNDNISTEST/PRAXIS I** bei «Zeit» ein.

Nun ermitteln Sie Ihre Lesegeschwindigkeit in Wörtern pro Minute.

Ermittlung der Lesegeschwindigkeit (WpM): SCHLAF

0–1 Min.	1–2 Min.	2–3 Min.	3–4 Min.	4–5 Min.
Zeit WpM	1.00 – 709	2.00 – 355	3.00 – 236	4.00 – 177
	1.05 – 654	2.05 – 340	3.05 – 230	4.05 – 174
0.10 – 4.254	1.10 – 608	2.10 – 327	3.10 – 224	4.10 – 170
0.15 – 2.836	1.15 – 567	2.15 – 315	3.15 – 218	4.15 – 167
0.20 – 2.127	1.20 – 532	2.20 – 304	3.20 – 213	4.20 – 164
0.25 – 1.702	1.25 – 500	2.25 – 293	3.25 – 208	4.25 – 161
0.30 – 1.418	1.30 – 473	2.30 – 284	3.30 – 203	4.30 – 158
0.35 – 1.215	1.35 – 448	2.35 – 274	3.35 – 198	4.35 – 155
0.40 – 1.064	1.40 – 425	2.40 – 266	3.40 – 193	4.40 – 152
0.45 – 945	1.45 – 405	2.45 – 258	3.45 – 189	4.45 – 149
0.50 – 851	1.50 – 387	2.50 – 250	3.50 – 185	4.50 – 147
0.55 – 773	1.55 – 370	2.55 – 243	3.55 – 181	4.55 – 144
5–6 Min.	**6–7 Min.**	**7–8 Min.**	**8–9 Min.**	**9–10 Min.**
5.00 – 142	6.00 – 118	7.00 – 101	8.00 – 89	9.00 – 79
5.05 – 139	6.05 – 117	7.05 – 100	8.05 – 88	9.05 – 78
5.10 – 137	6.10 – 115	7.10 – 99	8.10 – 87	9.10 – 77
5.15 – 135	6.15 – 113	7.15 – 98	8.15 – 86	9.15 – 77
5.20 – 133	6.20 – 112	7.20 – 97	8.20 – 85	9.20 – 76
5.25 – 131	6.25 – 110	7.25 – 96	8.25 – 84	9.25 – 75
5.30 – 129	6.30 – 109	7.30 – 95	8.30 – 83	9.30 – 75
5.35 – 127	6.35 – 108	7.35 – 93	8.35 – 83	9.35 – 74
5.40 – 125	6.40 – 106	7.40 – 92	8.40 – 82	9.40 – 73
5.45 – 123	6.45 – 105	7.45 – 91	8.45 – 81	9.45 – 73
5.50 – 122	6.50 – 104	7.50 – 91	8.50 – 80	9.50 – 72
5.55 – 120	6.55 – 103	7.55 – 90	8.55 – 80	9.55 – 71

Tragen Sie Ihren Wert auf dem Ergebnisbogen unter **VERSTÄND-NISTEST / PRAXIS I** bei «WpM» ein, *bevor* Sie zu den Fragen wechseln.

Fragebogen – Test I – SCHLAF

Bitte kreuzen Sie nur die Antworten an, die dem Text entsprechen.

1. Welches Tier benötigt nur zwei Stunden Schlaf?
   a) Wal
   b) Giraffe
   c) Löwe
   d) Viper

2. Bei welchen Lebewesen nimmt das Schlafbedürfnis im Laufe des Lebens ab?
   a) Bei Menschen und Affen
   b) Bei Menschen, Meerestieren und Vögeln
   c) Bei allen an Land lebenden Lebewesen
   d) Bei allen Landsäugetieren und Menschen

3. Das Schlafbedürfnis beim Menschen variiert zwischen
   a) vier und zehn Stunden
   b) fünf und elf Stunden
   c) sechs und neun Stunden
   d) sieben und acht Stunden

4. Wann kann es sich der Löwe leisten, für den Rest des Tages die Augen zuzumachen?
   a) Nach dem Verzehr des Jägers
   b) Nach dem Verzehr eines Elefanten
   c) Nach dem Verzehr einer Antilope
   d) Nachdem er sämtliche Nahrungskonkurrenten seines Reviers verjagt hat

5. Welche überraschende Funktion des Schlafs wurde von der «Programmierabteilung der Evolution» erdacht?
   a) Verarbeitung unangenehmer Erfahrungen
   b) Entwicklung von Traum und Phantasie
   c) Schonung der Pflanzenwelt durch Reduzierung der Bewegungen
   d) Vermeidung ungünstigerer Verhaltensweisen

6. Wem wäre ein Nobelpreis sicher?
   a) Demjenigen, der den Grund, warum wir schlafen, benennt
   b) Demjenigen, der die optimale Schlafdauer des Menschen ermittelt
   c) Demjenigen, der das unterschiedliche Schlafbedürfnis von Lebewesen erklärt
   d) Im Text nicht erwähnt

7. Welcher Schlafforscher wird im Text erwähnt?
   a) Matsuki Katami
   b) James Krueger
   c) Dean Howard
   d) Im Text nicht erwähnt

8. Welche ungewöhnliche Hypothese wird am Ende des Textes vorgestellt?
   a) Beim Schlafen können wir Fremdsprachen lernen
   b) Der Mensch kann mit fünf Stunden Schlaf auskommen
   c) Schlaf ist der natürliche Daseinszustand
   d) Zu viel Schlaf verringert die Lebenserwartung

9. Welches Tier überträgt die tödliche Schlafkrankheit?
   a) Tse-Tse-Fliege
   b) Moskito
   c) Vogelspinne
   d) Im Text nicht erwähnt

10. Womit unterbrechen wir unseren Schlaf von Zeit zu Zeit?
   a) Um Lebensmittel aus dem Kühlschrank zu holen oder unsere Art zu erhalten
   b) Um schlechte Krimis zu lesen, Chips zu essen oder fernzusehen
   c) Um zu arbeiten und uns zu erholen
   d) Im Text nicht erwähnt

**NUN BLÄTTERN SIE BITTE UM
UND ÜBERPRÜFEN IHRE ANTWORTEN**

Antwortblatt – Test I – SCHLAF

1. b)	6. a)
2. d)	7. b)
3. a)	8. c)
4. c)	9. d)
5. d)	10. a)

Zählen Sie die richtigen Antworten und ermitteln Sie den Prozentsatz: Zwei richtige Antworten bedeuten 20 %, vier richtige Antworten entsprechen 40 % usw. Tragen Sie Ihren Prozentsatz in dem Ergebnisbogen unter VERSTÄNDNISTEST/PRAXIS I bei «% Verständnis» ein.

Aus der Multiplikation von WpM und %-Verständnisgrad errechnen Sie die «Effective Reading Rate» (ERR), d. h. die Messgröße für Ihre Leseeffizienz (s. «Vorgehen» S. 120). Tragen Sie Ihren Wert bitte auf dem Ergebnisbogen unter VERSTÄND-NISTEST/PRAXIS I bei «ERR» ein.

Wollen Sie Ihr Ergebnis vergleichen?

Die durchschnittliche Lesegeschwindigkeit im deutschsprachigen Raum liegt bei 200 WpM und das Verständnis bei 55 %. Daraus ergibt sich eine durchschnittliche ERR von 110. In unseren Kursen haben wir etwas höhere Anfangswerte ermittelt, da die Teilnehmerstruktur nicht dem Durchschnitt der Gesamtbevölkerung entspricht: 252 WpM, 64 % Verständnis, d. h. ERR = 162.

Unseren Kursteilnehmern setzen wir das Ziel, ihre ERR mindestens zu verdoppeln. Über 85 % der Teilnehmer erreichen dieses Ergebnis. Nehmen Sie sich vor, mit Hilfe dieses Buchs zumindest eine annähernd so hohe Verbesserung zu erzielen. Die folgenden Übungen werden Sie – bei konsequenter und richtiger Durchführung – darin unterstützen.

Beginnen Sie gleich mit der Augenübung auf den folgenden Seiten.

Praxis I – Augenübungen

Wie gut sind Ihre Blickprozesse? Die folgende Übung muss in einem möglichst hohen Tempo durchgeführt werden – nur dann erfüllt sie ihren Zweck: den Abbau hinderlicher Lesegewohnheiten. Lassen Sie sich überraschen, was Sie aus dieser Übung alles (über sich) erfahren können.

Vorgehen

Orientieren Sie sich zunächst und schauen Sie sich die gesamte Übung an. Die Augenübung besteht aus vier Teilen: Wörter, Ziffern, Buchstaben, Gleiches Thema.

Sie beginnen mit *Wörter*. Lesen Sie in der obersten Zeile das erste Wort der linken Spalte. Dann schauen Sie in derselben Zeile, ob dieses Wort wieder auftaucht. Es wird entweder *einmal, zweimal* oder *gar nicht* wiederholt. Wenn Sie es entdecken, markieren Sie es! Dann gehen Sie sofort in die nächste Zeile und verfahren dort nach dem gleichen Prinzip usw. bis zum Seitenende.

Einfach? Dann greifen Sie am Schluss dieser Erläuterungen zur Stoppuhr und fordern sich durch ein hohes Tempo – so wird die Übung lebendig! Starten Sie dann die Uhr, führen Sie die Übung *Wörter* durch und tragen Sie die benötigte Zeit in den Ergebnisbogen ein unter **AUGENÜBUNGEN / PRAXIS I** bei «Zeit».

Anschließend gehen Sie wieder an den Anfang zurück und zählen Ihre Fehler. Haben Sie ein Wort übersehen oder ein falsches Wort markiert, gilt das jeweils als ein Fehler. Tragen Sie die Zahl in den Ergebnisbogen ein unter **AUGENÜBUNGEN / PRAXIS I** bei «Fehler».

Führen Sie nach dem gleichen Prinzip die Übung *Ziffern* und anschließend – analog – *Buchstaben* durch. Arbeiten Sie immer mit höchstmöglichem Tempo!

Auch die Übung *Gleiches Thema* bearbeiten Sie mit derselben Methode. Nur inhaltlich ändert sich etwas. Sie suchen nicht mehr nach einem identischen Wort, sondern Sie sollen einen Begriff finden, der zu dem Bezugswort passt – auch hier wieder nur in derselben Zeile! Passen bedeutet, dass es einen gleichen Oberbegriff / eine gemeinsame Kategorie geben muss: Fahrzeuge, Tiere, Körperteile, gleichartige Tätigkeiten, Adjektive etc. Beispiel aus der ersten Zeile: zu «Fenster» passen «Tür» und «Luke» – es sind alles Gebäudeöffnungen. Unten auf der Seite finden Sie die aus unserer Sicht richtigen Begriffe. Denken Sie auch hier an ein hohes Tempo und überlegen Sie nicht lange, sondern entscheiden Sie spontan!

Praxis I – Augenübung – WÖRTER

schnell	Haut	Hand	schnell	Haus
links	links	weint	Onkel	Hose
bald	jetzt	bald	früh	spät
Hof	Schrott	Hof	Wiese	Klee
fährt	Berg	Baum	Bild	Buch
Geist	Planet	Geist	packt	breit
sorgt	Bad	geht	Kram	sorgt
Kerl	Kerl	Topf	Kerl	Pferd
bohrt	Hemd	dumpf	bohrt	Arm
fern	Tod	schreibt	fern	fern
Bett	Bett	Schlips	fängt	Rind
schenkt	kalt	kehrt	schenkt	nahm
Heim	Dienst	Heim	schläft	schlägt
Recht	Ast	Deck	Stirn	Recht
Bahn	hilft	Haufen	plump	brennt
kreuzt	Bann	ganz	kreuzt	schleicht

Praxis I – Augenübung – ZIFFERN

334	444	257	119	334
690	256	690	890	123
555	367	089	555	288
296	611	785	931	296
944	944	356	944	000
767	199	888	767	290
169	428	720	311	843
856	145	909	722	856
234	699	234	999	655
899	899	455	320	781
033	375	033	888	290
487	487	000	000	460
674	556	393	674	334
496	432	432	496	496
231	512	888	145	967
129	129	721	946	888

Praxis I – Augenübung – BUCHSTABEN

rsv	vnf	cba	rsv	tog
abc	abc	abc	utz	prt
fln	hhu	pec	rtz	fln
mas	mas	qwy	üäö	wdx
ööö	urx	ööö	pcf	mjk
sxä	klf	ffw	plm	piq
yäq	ipü	myx	urg	yäq
yyy	aaa	yyy	bbb	ccc
äcm	uhv	plk	äcm	rws
qqy	tzg	pwx	rbv	qqy
rqp	rqp	vvv	lll	zzz
bld	prü	bld	urc	bld
xvb	rru	püv	irk	xvb
oüp	oüp	irf	eee	nyx
szt	ppl	ökl	ern	kmm
rük	wzu	ecl	rük	kbb

Praxis I – Augenübung – GLEICHES THEMA

Fenster	Tür	schreiben	Luke	sprechen
lesen	eckig	schmökern	grün	Turm
Baum	geduldig	Leber	Hilfe	nähen
hören	echt	sehen	Schwimmbad	Wein
Backe	Stirn	richtig	Deckel	sprießen
tief	pink	hoch	Knöchel	beschleunigen
Knospe	schrill	Räumung	Blüte	Brand
joggen	schwerhörig	laufen	Müllhalde	elektrisch
Wand	Kotflügel	Decke	intelligent	Freund
Bruder	schwitzen	Piste	Schwester	kostspielig
Keks	Rentner	absperren	Heu	mürrisch
Geier	ausschließen	drahtig	pingelig	Krähe
Omnibus	Zug	allein	Taxi	ausgesetzt
lustig	säubern	Friedhof	Operation	fröhlich
fair	anständig	Bein	Schnee	kochen
kochen	rot	braten	Terpentin	oval

Unsere Lösungen: **Fenster**/Tür/Luke, **lesen**/schmökern, **Baum**/(nichts), **hören**/sehen, **Backe**/Stirn, **tief**/hoch, **Knospe**/Blüte, **joggen**/laufen, **Wand**/Decke, **Bruder**/Schwester, **Keks**/(nichts), **Geier**/Krähe, **Omnibus**/Zug/Taxi, **lustig**/fröhlich, **fair**/anständig, **kochen**/braten

Kommentar zu den Ergebnissen der Augenübungen

Waren Sie wirklich so schnell wie möglich? Oder …

■ … haben Sie sich vielleicht durch allzu hohe Gewissenhaftigkeit bremsen lassen?

■ … sind Ihre Gedanken vielleicht abgeschweift – insbesondere bei der Suche nach Wörtern zum gleichen Thema?

In diesen unscheinbaren Übungen stecken viele unterschiedliche Hilfestellungen für die Verbesserung Ihres Leseprozesses! Lassen Sie sich überraschen, was Sie hier noch alles entdecken können!

Weiteres Vorgehen

Wenn Sie sich bereits von den Zahnrädern haben leiten lassen und gezielt von dem Theorie- in den Praxisteil gewechselt sind, dann folgen Sie mir doch jetzt einmal bei einem Experiment. Erfahrene Leser würden sich nämlich immer vor der Lektüre einen Eindruck von dem vorliegenden Buch verschaffen. Sie würden zunächst die Inhaltsübersicht betrachten und den gesamten Theorieteil durchblättern – oder wenigstens einen Abschnitt davon –, um eine Vorstellung von Inhalt, Struktur und Schreibstil zu erhalten. Wir nennen diese Herangehensweise «Vorausschau» und beschreiben sie als «Entdeckungsreise».

Das entsprechende Vorgehen finden Sie detailliert auf Seite 71 ff., und erst dann fordere ich Sie zu einem richtigen Einsatz dieser Technik auf (nicht alles auf einmal!). Auf den nächsten Seiten ist jedoch schon einmal abgebildet, was ein erfahrener «Vorausschauer» wahrnehmen könnte, wenn er z. B. in den Theoriekapiteln I und II auf Entdeckungsreise geht.

Lesen Sie die folgende Kurzübersicht in zügigem Tempo durch, aber erwarten Sie nicht, dass Sie den Sinn dieser zusammengestellten «Brocken» gleich verstehen. Lassen Sie sich nur einstimmen, neugierig machen und bereiten Sie Ihr Gehirn ein wenig auf den nachfolgenden Leseprozess vor.

Praxis I – Kurzübersicht Theorie I und II

Was man bei einer Vorausschau schon erkennen könnte:

Prinzipien effizienten Lesens

I Lesen lernen muss man zweimal!
Der Sinn des Lesens
- sich mit «erwachsenengerechten» Lesetechniken vertraut machen,
- nur 25 % schneller lesen, gewinnen Sie zwei Arbeitswochen
- S-t-a-d-t, v-i-l-l-e, c-i-t-y oder c-i-u-d-a-d ... dasselbe Bild im Kopf

Wie alles begann – prägende Lesegewohnheiten
1. Subvokalisieren (unterschwelliges Mitsprechen / Mithören)
2. Regression (Zurückspringen im Text)
3. Enger Blickfokus

- Lesetempo an Sprechtempo gebunden
- Redeschwall des «Vorlesers» im Ohr reduzieren.
- Wir unterfordern unser Gehirn!
- Erfassungsgeschwindigkeit des Gehirns
- verlangsamen, ... auch das Verständnis erschweren.
- lesen wir ... immer noch jedes Wort einzeln.
- Ihre Augen können nämlich mehr!

Fünf Prinzipien des «erwachsenengerechten» Lesens
- Sinngruppen erfassen
- Vorwärtsorientiert lesen
- dem visuellen Eindruck vertrauen
- Sinnsignale beachten
- Flexible Lesestrategien anwenden

II Sinngruppen erfassen: Vom Fingerhut zur Schaufel

Von Wörtern zu Wortgruppen durch «Weitwinkelfokus»

- Problem ist, ... viel zu viele «Augenstopps»
- auch ein besseres Verständnis ermöglicht.
- Entspannen Sie sich!
- überwinden Sie Ihren Perfektionismus!
- zerlegen den Leseprozess in mehrere Bestandteile
- Zwei Schritte vor und einer zurück
- anfangs so schnell fixieren ... kaum noch etwas verstehen

Von Wortgruppen zu Sinngruppen:
«Weitblick» schafft Durchblick!

- Lesetraining setzt mit rein physischen Übungen ein
- Vorausdenken und peripheres Sehen
- Interpunktion
- Vertraute Wortverbindungen
- Substantive

Und nun lesen Sie wirklich!

Jetzt empfehle ich Ihnen, genau die Teile ab Seite 15, d. h., den restlichen Teil der «Anleitung» und die Kapitel I und II zu lesen, bis das Symbol ✿✿ wieder erscheint (es sei denn natürlich, Sie sind unserem Vorschlag nicht gefolgt und haben den Theorieteil bereits gelesen).[25] Einige Begriffe und Gedanken werden Ihnen durch diese Kurzübersicht schon vertraut sein. Für Ihr Verständnis ist das sicher vorteilhaft!

Grundsätzlich ist es sinnvoll, die einzelnen Blöcke als geschlossene Einheit zu bearbeiten und innerhalb dieser Blöcke keine längere Unterbrechung zuzulassen. Wenn Sie glauben, die

---

25 Im Folgenden unterstellen wir immer den Wechsel zwischen Theorie- und Praxisteil. Wenn Sie sich für ein anderes Vorgehen entschieden haben, lassen Sie sich bitte durch diese Formulierungen nicht irritieren.

Augen zu sehr angestrengt zu haben, können Sie schon einmal eine Entspannungsübung durchführen, die wir zum Abschluss des Theorieteils auf Seite 29 vorstellen.

FÜR «PRAKTIKER»: Wenn Sie der Theorieteil partout nicht interessiert (was schade wäre), können Sie nach einer angemessenen Pause für die Augen gleich den nächsten Praxisteil bearbeiten.

THEORIE (ANLEITUNG), S. 15

II Starten Sie Ihr Training!

Welche Anregungen haben Sie im Theorieteil erhalten? Unser Lesen ist vielfach von Gewohnheiten geprägt, die das Verständnis erschweren und den Lesefluss beeinträchtigen. Diese Lesefehler wollen wir am besten einfach abstellen. Konkrete erste Schritte dazu sind:

1. bei jedem Blickstopp mehrere Wörter gleichzeitig zu erfassen («chunken»);
2. das periphere Sehen und die Satzzeichen zu nutzen, um die richtigen Wörter auszuwählen.

Die folgenden Übungen werden Sie darin unterstützen, diese Techniken zu trainieren.

Was erwartet Sie jetzt?

Die *Fokussierungsübungen* beweisen Ihnen, dass der gewohnte enge Blickfokus durchaus nicht Ihr natürliches Schicksal ist. Probieren Sie aus, ob Sie nicht jetzt schon bei breiterer Fokussierung ein entspannteres Gefühl haben. Achten Sie bei diesen Übungen ausschließlich auf das Verhalten Ihrer Augen, damit Sie die Unterschiede («vorher»/«nachher») und die Verbesserungsmöglichkeiten bewusst erleben.

Mit *Sinngruppenübungen* können Sie sich an eine schnelle, breite Fixierung mehrerer Wörter zugleich gewöhnen.

Danach wollen wir mit *Augenübungen* Ihre Blickdynamik und Ihre Entscheidungsfreudigkeit erhöhen sowie Ihr Vertrauen in Ihre Wahrnehmungsfähigkeit stärken. Ihre Augenmuskeln prägen sich dabei die neuen Bewegungsabläufe ein, die für größere Blicksprünge erforderlich sind.

Der *Verständnistest* bietet Ihnen die Möglichkeit, die neuen Techniken auszuprobieren.

Den Abschluss bildet eine *spielerische Aufgabe*, mit der Sie sich vor dem nächsten Theorieteil etwas entspannen können.

Nach diesem System sind auch die weiteren Praxisteile aufgebaut.

Praxis II – Fokussierungsübungen

Spüren Sie die Elastizität Ihrer Augen!

Zu Beginn des Trainings kommt es hauptsächlich darauf an, die Blickspanne kennenzulernen und sie möglichst weit auszuschöpfen. Ein hilfreicher Trick besteht darin, dass Sie zunächst genau das Gegenteil des Gewünschten tun – dann spüren Sie nämlich, wie anstrengend und unnatürlich eine Verengung des Blicks eigentlich ist. Verhalten Sie sich also jetzt einmal bewusst falsch: Schauen Sie in der folgenden Wortgruppe nur auf das Wort «in»:

in der Stadt

Geben Sie sich wirklich Mühe, nur «in» zu sehen und sonst nichts. Spüren Sie, wie anstrengend diese Einschränkung ist? Dann *entspannen* Sie jetzt Ihren Fokus etwas und sehen Sie zusätzlich gleichzeitig das Wort «der», also «in der»:

in der Stadt

Spüren Sie die Erleichterung für die Augen? Dann legen Sie die störenden «Scheuklappen» ganz ab und nehmen auch das dritte Wort hinzu:

in der Stadt

Vermutlich erscheint es Ihnen ganz normal, diese drei Wörter mit einem Blick zu sehen. So soll es sein! Versuchen Sie noch einmal, die Unnatürlichkeit der Blickeinengung nachzuempfinden, indem Sie Schritt für Schritt den «Rückweg» erleben:

in der Stadt

und dann   **in** der Stadt

Wenn Sie Lust haben, verdeutlichen Sie sich die Elastizität Ihrer Augen, indem Sie mehrmals mit zunehmender Blickverengung bzw. -entspannung diese kleine Übung durchgehen.

Zu der Entspannung des Blicks könnte übrigens auch die Gesamthaltung beitragen: Atmen Sie tief durch, lockern Sie Ihre Schultern, freuen Sie sich auf die neuen Lesetechniken! Und noch einmal: Setzen Sie sich nicht zu sehr unter Druck!

Fokussierungsübung: Wortpyramide

Im nächsten Schritt möchten wir Ihre Blickprozesse verändern, damit Sie schließlich in Sinngruppen lesen können (chunking for meaning). Dieser Veränderungsprozess wird am besten mit Hilfe einer gewissen Übertreibung angestoßen – denn durch sanfte Korrekturen lassen sich Ihre langjährigen Routinen nicht abschütteln.

Vorgehen

Übertragen Sie Ihre entspannte Blickhaltung der vorangegangenen Fokussierungsübung auf die kommende Aufgabe. Richten Sie Ihren Blick jeweils auf die Mitte jeder einzelnen Zeile der Wortpyramide.

In der oberen Zeile sehen Sie lediglich «der»; dort nutzen Sie nur einen kleinen Teil Ihres möglichen Sehfokus. Da links und rechts nichts weiter steht, fällt Ihnen die Einschränkung jedoch nicht auf. In der zweiten Zeile wird das «der» aber auf beiden Seiten von «xxx» eingerahmt – und diese Symbole nehmen Sie unweigerlich wahr, selbst wenn Sie versuchen, sich allein auf das Wort «der» zu konzentrieren. Sie sehen: Es ist eigentlich einfacher, entspannter und natürlicher, mehr als nur ein einziges kleines Wort zu sehen. Nutzen Sie diese Fähigkeit, um in der folgenden Zeile «der Hund» statt nur «der» zu sehen. Schon jetzt «chunken» Sie, d. h., Sie lesen in Sinngruppen. Entspannen Sie Ihren Fokus weiter und versuchen Sie, auch die folgenden Zeilen jeweils komplett zu erfassen. Achten Sie darauf, dass der Blick nicht «ausbüxt», wie man in Hamburg sagt, also nach links oder rechts wegspringt, wenn die Zeilen breiter werden.

der

xxx der xxx

der Hund

Hund bellt

unaufhörlich

der Hund bellt

ununterbrochen

der Hund bellt ständig

der Hund bellt unaufhörlich

der Hund bellt ununterbrochen

Spätestens die letzte oder vorletzte Zeile konnten Sie vermutlich ohne Pupillenbewegung nicht mehr scharf erkennen. Sie haben nur noch die Mitte der Wortgruppe klar gesehen, und an den Rändern wurde es vage und verschwommen. Das war der Moment, in dem das periphere Sehen eingesetzt werden sollte, statt den Blick zu den unscharfen Stellen abwandern zu lassen. Mit Hilfe des peripheren Sehens können Sie meistens auch das nähere Umfeld geschickt mit einbeziehen, vor allem dann, wenn es sich dabei um kleine, leicht zu ergänzende Wörter handelt, z. B. Artikel vor Substantiven (hier: «der») oder um vertraute Wortteile (hier: *unauf*«hörlich» und *ununter*«brochen») – denn in den meisten Fällen wissen wir schon, was dort steht.

Ist Ihnen aufgefallen, dass das Wort «unaufhörlich» (12 Zeichen) länger ist als «Hund bellt» (10 Zeichen)? Oder das Wort «ununterbrochen» genauso lang ist wie «der Hund bellt» (mit Leerzeichen insgesamt 14 Zeichen)? Vermutlich konnten Sie schon vor diesem Training die einzelnen Wörter «unaufhörlich» bzw. «ununterbrochen» ohne Probleme mit einem Blick erfassen. Da die jeweils darüberstehenden Sinngruppen trotz größerer Wortzahl die gleiche Länge haben, können Sie auch diese mit einer einzigen Fixierung statt mit mehreren erfassen. Es ist nur eine Frage der Übung – und das unterstützen wir als Nächstes.

Die nächsten Übungen werden Ihre Blickdynamik erhöhen und Sie an die Fokussierung mehrerer Wörter gewöhnen. Außerdem sollen Sie dabei eine bewusste Vorwärtsorientierung erproben. Hierbei konzentrieren Sie sich auf den *mechanischen* Teil des Lesens und blenden das Verstehen aus: Es geht um bloße «Augengymnastik» – denken Sie an Kniebeugen, nicht an Ihre Prüfungstexte!

Starten Sie die Stoppuhr und versuchen Sie, die Sinngruppen Zeile für Zeile so schnell wie möglich *rein visuell* hintereinander zu erfassen und dabei *nicht* auf den Inhalt zu achten – das kommt später. Wir wissen, wie schwer es ist, Wörter zu sehen, ohne sie zu lesen. Aber es handelt sich um typische Wortverbindungen, die Sie schon tausendfach gesehen haben und die Sie vermutlich mühelos mit einem Blick automatisch erfassen können. Dies sind die einfachsten Beispiele für das «Chunken». (In Ihrem speziellen Fachgebiet wird es zahlreiche weitere Beispiele von Sinngruppen geben, die Sie schon so oft gelesen haben, dass Sie sie automatisch erkennen.) Bei jedem Blickstopp erfassen Sie die komplette Sinngruppe, und gehen Sie vor allem nie zurück.

Schreiben Sie nach jeder Übung die jeweils benötigte Zeit in Ihren Ergebnisbogen unter **SINNGRUPPEN-ÜBUNGEN/PRAXIS II** bei «Übung 1», «Übung 2» usw.

Praxis II – Sinngruppenübung 1

Erfassen Sie jetzt   die folgenden Wortgruppen   jeweils mit einem Blick

am frühen Morgen	im wirklichen Leben	ich komme gerne
er wiederholte sich	mach das Licht an	kommt nach Hause
der blaue Himmel	auf diese Frage	die meisten Menschen
er ist begeistert	das gibt es immer	lohnt sich das
ich mach das selbst	wem hilft das	als er schlief

Was muss ich tun	konkrete Angaben	es interessiert mich
immer wieder gerne	denn es ist wichtig	besser kennenlernen
Wie geht das	größer als gedacht	in den Händen halten
der Baum ist grün	ich werde verrückt	sie kennt ihn
fragen Sie sich	mit aller Gewalt	was darf es sein
es steht ihm frei	die folgenden Seiten	es ist so weit
einen Eindruck gewinnen	Sie sorgt dafür	steigen Sie ein
auf keinen Fall	vergessen Sie das	Sie werden erleben
Wer weiß das schon	es ist notwendig	das kann jeder
das geht besser	auf dem Land	bei gutem Wetter
ich mag das nicht	kommt nicht in Frage	das geht nicht
nicht mit mir	es geht weiter	gib doch auf
komm mal her	geh jetzt weg	nun ist Schluss

Notieren Sie jetzt   Ihre benötigte Zeit   auf dem Ergebnisbogen

… haben Sie bei dieser Übung mehr als 20 Sekunden benötigt? Dann haben Sie Ihr Blickpotenzial nicht ausgeschöpft – wollten Sie vielleicht doch den Sinn der Worte verstehen? Genau das «durften» Sie nicht! Nur *sehen*, nicht *lesen*, heißt hier die Aufgabe! Eine Fixierung dauert im Durchschnitt nur ¼ Sekunde, und es waren 60 Sinngruppen. Ohne mentales Mitsprechen und ohne «Verstehenwollen» hätten Sie alle Sinngruppen in 15 Sekunden erfassen können! Doch wir sind nun einmal darauf konditioniert, Schrift automatisch in Bedeutung zu übersetzen. Vielleicht fällt Ihnen diese Aufgabe aber leichter, wenn Sie nichts verstehen *können*? Konzentrieren Sie sich auch bei der folgenden Übung auf das schnelle, bildhafte Erfassen der dargestellten Symbolgruppen. Weil Sie nun aber sicher nicht mehr an Bedeutungen «festkleben», wird es Ihnen vermutlich leichter fallen, die gewünschte Zielzeit von 15 Sekunden zu erreichen.

Praxis II – Sinngruppenübung 2

Ερφασσεν Σιε φετζτ   διε φολγενδεν Ωορτγρυππεν   φεωειλσ μιτ εινεμ Βλιχκ

αμ φρ⌐ηεν Μοργεν	ιμ ωιρκλιχηεν Λεβεν	ιχη κομμε γερνε
ερ ωιεδερηολτε σιχη	μαχη δασ Λιχητ αν	κομμτ ναχη Ηαυσε
δερ βλαυε Ηιμμελ	αυφ διεσε Φραγε	διε μειστεν Μενσχηεν
ερ ιστ βεγειστερτ	δασ γιβτ εσ ιμμερ	λοηντ σιχη δασ
ιχη μαχη δασ σελβστ	ωεμ ηιλφτ δασ	αλσ ερ σχηλιεφ
ωασ μυσσ ιχη τυν	κονκρετε Ανγαβεν	εσ ιντερεσσιερτ μιχη
ιμμερ ωιεδερ γερνε	δεvv εσ ιστ ωιχητιγ	βεσσερ κεννενλερνεν
ωιε γεητ δασ	γρ⌐ερ αλσ γεδαχητ	σιε κενντ ιην
δερ Βαυμ ιστ γρ⌐ν	ιχη ωερδε ϖερρ⌐χκτ	κεννεν Σιε δασ
φραγεν Σιε σιχη	μιτ αλλερ Γεωαλτ	ωασ δαρφ εσ σειν
εσ στεητ ιημ φρει	διε φολγενδεν Σειτεν	εσ ιστ σοωειτ
εινεν Εινδρυχκ γεωιννεν	Σιε σοργτ δαφ⌐ρ	στειγεν Σιε ειν
αυφ κεινεν Φαλλ	ϖεργεσσεν Σιε δασ	Σιε ωερδεν ερλεβεν
ωερ ωει δασ σχηον	εσ ιστ νοτωενδιγ	δασ κανν φεδερ
δασ γεητ βεσσερ	αυφ δεμ Λανδ	βει γυτεμ Ωεττερ
ιχη μαγ δασ νιχητ	κομμτ νιχητ ινφραγε	δασ γεητ νιχητ
νιχητ μιτ μιρ	εσ γεητ ωειτερ	γιβ δοχη αυφκομμ
μαλ ηερ	γεη φετζτ ωεγ	νυν ιστ Σχηλυσσ

Notieren Sie jetzt   Ihre benötigte Zeit   auf dem Ergebnisbogen

… haben Sie Ihre Zeit verbessert? Sicher können Sie jetzt den Unterschied zwischen «Sehen plus Verstehen» und «ausschließlich Sehen, ohne zu verstehen» leichter nachvollziehen. In der folgenden Übung sind griechische Symbole und deutsche Wörter gemischt. Die «deutschen» sollen Sie genauso wenig inhaltlich erfassen wie die «griechischen». Lassen Sie keine Sinngruppen oder gar Zeilen aus, sondern *sehen* Sie alles – aber nur jeweils einmal, springen Sie nicht zurück! Ziel: 15 Sekunden.

Praxis II – Sinngruppenübung 3

Ερφασσεν Σιε φετζτ   διε φολγενδεν Ωορτγρυππεν   φεωειλσ μιτ εινεμ Βλιχκ

αμ φρ⌐ηεν Μοργεν	ιμ ωιρκλιχηεν Λεβεν	ιχη κομμε γερνε
ερ ωιεδερηολτε σιχη	μαχη δασ Λιχητ αν	kommt nach Hause
δερ βλαυε Ημμελ	auf diese Frage	διε μειστεν Μενσχηεν
ερ ιστ βεγειστερτ	δασ γιβτ εσ ιμμερ	λοηντ σιχη δασ
ιχη μαχη δασ σελβστ	ωεμ ηιλφτ δασ	αλσ ερ σχηλιεφ
ωασ μυσσ ιχη τυν	κονκρετε Ανγαβεν	es interessiert mich
ιμμερ ωιεδερ γερνε	δενν εσ ιστ ωιχητιγ	βεσσερ κεννενλερνεν
wie geht das	γρ⌐ερ αλσ γεδαχητ	σιε κενντ ιην
δερ Βαυμ ιστ γρ⌐ν	ιχη ωερδε ⌐περρ⌐χκτ	κεννεν Σιε δασ
φραγεν Σιε σιχη	mit aller Gewalt	ωασ δαρφ εσ σειν
εσ στεητ ιημ φρει	διε φολγενδεν Σειτεν	εσ ιστ σοωειτ
εινεν Εινδρυχκ γεωιννεν	Σιε σοργτ δαφ⌐ρ	steigen Sie ein
αυφ κεινεν Φαλλ	⌐περγεσσεν Σιε δασ	Σιε ωερδεν ερλεβεν
wer weiß das schon	εσ ιστ νοτωενδιγ	δασ κανν φεδερ
δασ γεητ βεσσερ	αυφ δεμ Λανδ	βει γυτεμ Ωεττερ
ιχη μαγ δασ νιχητ	kommt nicht in Frage	δασ γεητ νιχητ
νιχητ μιτ μιρ	εσ γεητ ωειτερ	γιβ δοχη αυφ
κομμ μαλ ηερ	γεη φετζτ ωεγ	nun ist Schluss

Notieren Sie jetzt   Ihre benötigte Zeit   auf dem Ergebnisbogen

…haben Sie doch wieder länger als 15 Sekunden gebraucht? Seien Sie beruhigt, das ist normal, denn so schnell können sich Auge und Gehirn nicht umstellen. Es gibt den natürlichen Reflex, dass die Augen so lange verweilen wollen, bis sich das Verstehen einstellt. Sie haben wahrscheinlich bemerkt, wie Sie bei den deutschen Wörtern länger anhalten bzw. wieder zurückspringen wollten? Diesen Impuls, diesen «Sicherheitsreflex» versuchen Sie möglichst zu unterbinden, sonst verändert sich nichts. Lösen Sie sich entschlossen von Ihren Bedenken, und bringen Sie Ihre Augen in Schwung!

Trainieren Sie nun die größeren Blicksprünge, die Vorwärtsorientierung und das «Loslassen» doch einmal rein mechanisch, und zwar anhand eines vollständigen Textes, ohne Zeitmessung.

Zwischenübung: Große Blicksprünge

Vorgehen

Fangen Sie bitte nicht an, über Sinngruppen nachzudenken, und Sie sollen auch nicht lange nach ihnen suchen. Die Idee ist vielmehr, dass sie Ihnen automatisch «in die Augen springen», sobald Sie Ihren Blick genügend entspannen! Das Entspannen können Sie üben: Stellen Sie sich eine oder zwei Linien vor, die sich in sinnvollen Abständen senkrecht durch den Text ziehen und Ihnen Anhaltspunkte für die Fixierungen geben. Dann nehmen Sie relativ gleichmäßige, rhythmische Fixierungen der entstandenen Wortgruppen vor (wahlweise zwei oder drei je Zeile), eventuell begleitet von einem gedachten Taktschlag. In dem folgenden Text sind diese Linien der Übung halber direkt eingezeichnet. Sie sollten versuchen, zwischen den Linien auf jeden Fall mehr als ein einzelnes Wort zu *sehen* – nicht zu verstehen. («Alles Walzer!»)

Studentenleben

Selbstverständlich zog ich nach dem Abitur von zu Hause aus. Selbstverständlich – weil auch meine Eltern entschieden dafür waren. Speziell meine Mutter war im Grunde froh, mich los zu sein. Warum, war eigentlich gar nicht ersichtlich. Denn während der Schulzeit bestand mein Leben hauptsächlich aus Sport, jeden Nachmittag, jedes Wochenende war ich unterwegs: Fechten, Tennis, Segeln, gelegentlich Reiten, und im Winter kamen noch Schlittschuhlaufen und Skilaufen hinzu. So war ich, wenn man's recht bedenkt, eigentlich keine Last. Als braves Kind der fünfziger Jahre brachte ich zudem nur selten Freundinnen mit nach Hause. Und Freunde schon gar nicht. Die Vorstellung, ich hätte in unserer Etagenwohnung meine Zimmertür abgeschlossen, um vielleicht mit einem Freund auf meinem spießigen Klappbett ein wenig zu knutschen, lag auch kurz vor dem Abitur außerhalb unseres Vorstellungsvermögens. Unseres, d. h., auch meine Schwester, die einige Jahre älter ist als ich, hätte noch nicht einmal einen solchen Versuch unternommen. Damals brachte man auch nicht einfach Freundinnen zum Übernachten mit, wie es heute in einem Ausmaß üblich ist, das durchaus zu gewissen Unübersichtlichkeiten führen kann. Meine eigenen Kinder haben jedenfalls später unsere Wohnung mit schlafenden Freunden regelrecht bevölkert, sodass ein älterer Junggesellengast einmal halb verklemmt, halb zutreffend «Wallensteins Lager» murmelte, als er sich morgens auf dem Weg zum Zähneputzen einen Überblick verschaffte, wie viele junge Menschen in der Nacht noch zu uns gestoßen waren.

Anfang der siebziger Jahre zog ich also von Norddeutschland nach Freiburg zum Studium. Meine Eltern hatten in die «Badische Zeitung» unter Chiffre eine Annonce setzen lassen: «Tochter aus gutem Hause sucht Studentenzimmer!» Dieses Vorgehen war selbst damals schon ein wenig antiquiert, doch es gab tatsächlich einige Rückmeldungen, und so begab ich mich in den Sommerferien auf Zimmersuche. Mit dem Stadtplan in der Hand trabte ich die teilweise recht originellen Angebote ab. Ein verwitweter Mann bot mir das Zimmer seiner Tochter an – kostenlos. Allerdings unter der Bedingung, dass ich zu den Mahlzeiten anwesend zu sein hatte, weil er beim Essen Gesellschaft haben wollte. Auch mein Vater hätte das sicher für eine gute Idee gehalten, doch ich verheimlichte ihm vorsichtshalber diese preisgünstige Mietgelegenheit und sagte dem Witwer dankend ab.

Herrenbesuch wurde von den Vermietern grundsätzlich nicht gern gesehen, das wurde mir sehr schnell klar. Nun kannte ich zwar noch keinen «Herrn», aber da ich 19 Jahre alt war, nahm ich an, dass dies vielleicht nicht so bleiben würde. Schließlich fand ich ein hübsches großes Dachgeschosszimmer mit einem netten Vermieterehepaar, das bei diesem heiklen Thema einen schon recht liberalen Standpunkt zeigte: «Ihre Vorgängerin hatte einen Festen ...» Gut, darauf konnte ich mich einlassen, einen «Festen» wollte ich ohnehin.

... und jetzt mit etwas breiterer Fixierung und der Bereitschaft, einige Wörter nur peripher wahrzunehmen (Takt «eins-zwei, eins-zwei»):

Als zweiten Akt musste ich noch ein Zimmer für meine Schulfreundin Ulrike besorgen, möglichst in der Nähe. Das gelang recht schnell, denn ihr finanzieller Spielraum war etwas größer als meiner. Allerdings stellte sich mit der Zeit heraus, dass manche Vermieter recht kuriose Angewohnheiten hatten. Denn kaum verließ Ulrike das Haus, wurde ihr Zimmer inspiziert: Wenn sie zurückkam, gab es immer Gegenstände, die nicht mehr an ihrem ursprünglichen Platz lagen. Wir stellten schließlich ein Schild auf: «Wenn Sie schon einmal hier drin sind, können Sie ja gleich aufräumen» – aber es blieb natürlich ohne Wirkung. Wir fanden ein anderes Zimmer für sie, von dem wir so begeistert waren, dass wir übersahen, wie sorgfältig die Teppiche auf den steinernen Stufen des Treppenhauses komponiert waren. Es gab einen breiten Läufer, auf dem ein etwas schmalerer lag, der wiederum von einem noch schmaleren exakt in der Mitte bedeckt wurde. Drei Läufer übereinander also. Und wir hatten noch etwas übersehen – einen Zettel, der im Treppenhaus hing: «Die Treppenstufen sind ausschließlich in der Mitte zu begehen und wegen der gleichmäßigen Abnutzung des Schonläufers darf keine übersprungen werden!» Vielleicht war das der Grund, warum es meine Freundin nur ein Semester aushielt in Freiburg.

Für den weiten Weg zur Universität – wir wohnten etwas außerhalb, in Littenweiler – hatten wir vorsorglich ein Tandem gekauft. Gemeinsam radelten wir morgens in die Stadt hinein, einzeln kehrten wir nachmittags zurück. Eine von uns beiden behielt jeweils das Tandem und konnte dann immer den Trampern einen Platz anbieten, die auf dem Weg zu dem Studentenheim in unserer Nachbarschaft waren. Die Offerte wurde allerdings viel seltener angenommen, als wir uns vorgestellt hatten. Ein «Fester» fand sich jedenfalls nicht auf diese Weise. Das Tandem parkten wir gern an dem kleinen Bahnhof Littenweiler und haben es irgendwann einfach nicht mehr benutzt. Manchmal fragen wir uns, ob es vielleicht heute noch dort steht.

Sie sind hoffentlich nicht ins Lesen verfallen, sondern haben den Text ausschließlich ganz schnell visuell «abgetastet»!? Dann behalten Sie jetzt diese Dynamik bei! Im folgenden Text sind die Sinngruppen nicht auseinandergezogen wie in den ersten drei Übungen. Sie müssen selbst den richtigen Blickstopp bestimmen. Nutzen Sie die Satzzeichen, fokussieren Sie immer die Wörter, die durch die Interpunktion eingerahmt werden. Auch hier geht es wieder um höchstmögliche Dynamik, nicht um Lesen und Verstehen. Tragen Sie die Zeit dann wieder auf dem Ergebnisbogen ein.

Die Satzzeichen helfen Ihnen dabei, nicht nur irgendwelche «zusammengewürfelten» Wortgruppen, sondern *Sinngruppen* zu sehen, also Wörter, die tatsächlich zusammengehören und gemeinsam einen Sinn ergeben. Damit gelangen wir zu unserem eigentlichen Ziel: den physischen Aspekt (breiter Blickfokus) mit dem kognitiven (besseres Verständnis durch sinnvolle Bündelung von Wörtern) zu verbinden. Üben Sie die bewusste Einbeziehung der Satzzeichen anhand des folgenden kleinen Textausschnitts, der besonders viele Zeichen aufweist, die fast alle Sinngruppen leicht erkennbar voneinander abgrenzen. Nutzen Sie das periphere Sehen (das vage Erkennen am Rande des scharfen Sehens), um die Satzzeichen wahrzunehmen. Weiterhin gilt: Nur sehen, nicht verstehen! Zielzeit: 15 Sekunden.

Praxis II – Sinngruppenübung 4

Auszug aus «Wilhelm Tell» von Friedrich Schiller

Walter *(aufspringend)*: Mutter, der Vater! (Eilt hinaus)

Hedwig: O mein Gott! (Will nach, zittert und hält sich an)

Wilhelm *(eilt nach)*: Der Vater!

Walter *(draußen)*: Da bist du wieder!

Wilhelm *(draußen)*: Vater, lieber Vater!

Tell *(draußen)*: Da bin ich wieder – Wo ist Eure Mutter?
(Treten herein.)

Walter: Da steht sie an der Tür und kann nicht weiter;
so zittert sie vor Schrecken und vor Freude.

Tell: O Hedwig! Hedwig! Mutter meiner Kinder!
Gott hat geholfen – uns trennt kein Tyrann mehr.

Hedwig *(an seinem Halse)*: O Tell! Tell! Welche Angst
litt ich um dich!

Tell: Vergiss sie jetzt und lebe nur der Freude!
Da bin ich wieder!
Das ist meine Hütte! Ich stehe wieder auf dem Meinigen!

Wilhelm: Wo aber hast du deine Armbrust, Vater?
Ich seh sie nicht.

Tell: Du wirst sie nie mehr sehn. An heil'ger Stätte
ist sie aufbewahrt; sie wird hinfort
zu keiner Jagd mehr dienen.

Notieren Sie jetzt   Ihre benötigte Zeit   auf dem Ergebnisbogen

Haben Sie länger als 15 Sekunden gebraucht? Bei dieser Übung musste das Auge selbst die Anhaltspunkte für das Erfassen der Sinngruppen finden – und daran müssen Sie sich natürlich erst gewöhnen. Solange Sie, wie in dieser Übung, den Inhalt nicht verstehen «dürfen», ist die Aufgabe nicht so leicht. Trotzdem ist es nützlich, sich hier zunächst in dem rein mechanischen Prozess zu schulen. Jetzt gehen Sie bitte gleich zur folgenden Augenübung, mit der Sie wieder entscheidende Blickprozesse für besseres Lesen trainieren – aber nur, wenn Sie größtmögliche Dynamik einsetzen.

Praxis II – Augenübungen

Hier treffen Sie das zweite Mal auf Augenübungen. Erinnern Sie sich noch an das Wichtigste bei dieser Aufgabe? Sie soll *so schnell wie möglich* durchgeführt werden (Zeile für Zeile und immer von links nach rechts)! Schauen Sie noch einmal auf Ihre ersten Ergebnisse: Vermutlich haben Sie meistens gar keinen Fehler gemacht oder bloß einen einzigen, und Sie waren damit sehr zufrieden. Aus unserer Sicht bedeutet das jedoch: Sie waren noch nicht schnell genug. Wenn Sie den Anspruch haben, diese Tempoübungen fehlerlos durchzustehen, werden Sie keine idealen Blickbewegungen einüben. In dieser Trainingsstufe geht es uns noch nicht um gutes Verständnis bzw. Fehlerfreiheit (darum können Sie sich später wieder kümmern), sondern um die folgenden Ziele, die überhaupt die Voraussetzung für ein gutes Verständnis sind:
1. Zurückspringen vermeiden
2. Mentales Mitsprechen verringern
3. Vertrauen in die eigene Wahrnehmungsfähigkeit stärken

Also denken Sie bei der folgenden Augenübung an Dynamik! Nur wenn Sie Fehler zulassen, können Sie Ihr Potenzial ausschöpfen und die Blickprozesse so verändern, wie Sie es für ein gutes Lesen brauchen. Fordern Sie sich noch etwas stärker, indem Sie folgende Zeitziele in Ihren Ergebnisbogen eintragen – und sie möglichst erreichen! (Unter **AUGENÜBUNGEN** jeweils neben das Feld «Ziel» bzw. Ihre Ergebnisse in die Zeile **PRAXIS II**):

Wörter:	20 Sek.
Ziffern:	25 Sek.
Buchstaben:	25 Sek.
Gleiches Thema:	45 Sek.

… und wenn dann zunächst Fehler entstehen, ist das nicht enttäuschend, sondern eine gute Vorbereitung für einen entspannten Leseprozess.

Praxis II – Augenübung – WÖRTER

Mais	Ärmel	Mais	Mahl	violett
korrekt	Energie	schön	Mütze	korrekt
Schnabel	Schnabel	Schmuck	Schnabel	Schande
Mönch	Mensch	echt	Gerät	Nonne
Gold	Gold	Molke	hold	original
gütig	Bohne	gütig	süffig	Konfekt
tauschen	sitzen	Einheit	tauschen	Bein
Atom	Freude	Gemüse	durch	Atom
Fähre	Fluss	urteilen	Berg	schmücken
Sonne	Efeu	trennt	gesund	Sonne
kahl	kahl	Stern	eckig	Trompete
Ritter	Reiter	seicht	Ritter	Ritter
reiben	Brand	reiben	Scheibe	Tal
Anzug	drahtig	sinken	Laterne	Anzug
schielen	Flug	schielen	Sicht	schräg
rot	rot	Kupfer	Knospe	lernen

Praxis II – Augenübung – ZIFFERN

341	341	341	728	669
612	777	222	612	892
297	972	562	371	297
127	127	922	478	711
911	321	734	156	233
496	905	521	496	734
895	422	895	633	011
695	695	299	695	567
734	033	734	322	679
888	444	222	888	999
934	279	934	711	837
173	855	244	899	173
367	003	099	466	367
092	092	481	634	290
582	924	045	388	671
235	478	235	590	199

Praxis II – Augenübung – BUCHSTABEN

bjk	bjk	opc	önm	iuz
tzu	xrt	äaä	tzu	pmm
ghh	inn	ghh	oqq	ljh
yzy	öww	yzy	hlk	yzy
fkm	quw	pcc	fkm	ccc
raa	raa	kll	oov	rgx
unm	yym	dfx	ivo	unm
üüü	aaa	nvm	lll	mcv
xlm	qrt	xlm	wrz	pqw
öwc	öwc	ubm	rtx	lkk
ckq	uio	dkk	ckq	kgv
mat	mat	mln	ovh	mat
abz	hxl	abz	gwq	bpu
wtz	nei	xkl	prt	erp
pve	ort	pve	kkq	cwc
cjj	oyx	lkl	cjj	wbw

Praxis II – Augenübung – GLEICHES THEMA

Finger	Film	Zehe	Uhr	Vogel
Dusche	Hamster	WC	Waschbecken	Kirsche
brennen	laut	Geburt	Quelle	qualmen
Koffer	Truhe	jetzt	gelb	Kaffee
Ober	Lauer	Gast	gerecht	Ohnmacht
gewinnen	Halt	Buchstütze	verlieren	Veilchen
Hühnerhof	Nudel	Misthaufen	Turnschuh	Creme
Riegel	quasi	Halm	Vanille	Gemüt
T-Shirt	Shorts	regeln	Atlas	Frieden
verspäten	fromm	Fuchtel	verschlafen	zu früh kommen
Stadt	ideal	Dorf	Erpel	Leiste
Füllfederhalter	Kugelschreiber	Käse	Fuchs	Jacht
reich	Schlauch	wohlhabend	Gitter	Mandarine
Parfüm	Genitiv	Molch	Deodorant	dicht
direkt	Whisky	Erwerb	Havarie	nämlich
Segel	Ruder	Pate	starr	Anteil

Unsere Lösungen: **Finger**/Zehe, **Dusche**/WC/Waschbecken, **brennen**/qualmen, **Koffer**/Truhe, **Ober**/Gast, **gewinnen**/verlieren, **Hühnerhof**/Misthaufen, **Riegel**/(nichts), **T-Shirt**/Shorts, **verspäten**/verschlafen/zu früh kommen, **Stadt**/Dorf, **Füllfederhalter**/Kugelschreiber, **reich**/wohlhabend, **Parfüm**/Deodorant, **direkt**/(nichts), **Segel**/Ruder

Kommentar zu den Ergebnissen der Augenübungen

☐ Haben Sie die Zielzeiten erreicht?

☐ Falls nicht, worauf führen Sie das zurück?
- – Mentales Mitsprechen/Wunsch nach Verstehen?
- – Zurückspringen?
- – Generell zu starkes Sicherheitsdenken?

Die Übungen mögen Ihnen banal erscheinen, aber sie sind ideal dafür geeignet, die Hauptlesefehler abzubauen und damit die Blickprozesse für das Lesen neu auszurichten. Diese Umstellung funktioniert aber nur, wenn Sie höchstmögliche Blickdynamik entwickeln und nicht «Fehlerfreiheit» als oberstes Ziel sehen. Üben Sie hier das «Loslassen»!

Weiteres Vorgehen

Jetzt probieren Sie die neuen Techniken einmal unter «realen Bedingungen» aus. Lesen Sie den nächsten Verständnistest wieder zügig und mit der Absicht, ein (recht) gutes Verständnis zu erzielen. Aber seien Sie diesmal etwas großzügig, lassen Sie auch hier Fehler, d. h. Verständnislücken, zu. Achten Sie auf:

1. *Breite Fokussierung.* Pro Blickstopp mehrere Wörter erfassen.
2. *Vorwärtsorientierung.* Verbieten Sie sich das Zurückspringen.
3. *Zuversicht.* Vertrauen Sie darauf, dass Sie die wesentlichen Informationen wahrnehmen – trotz des höheren Tempos, das bei dem Einsatz der neuen Techniken entsteht. Das Verständnis ist vielleicht noch nicht sehr hoch, aber darauf achten Sie später wieder. Antworten Sie auf alle Fragen, auch wenn Sie unsicher sind. Das ist kein Raten, sondern Sie lernen, Ihrer Wahrnehmungsfähigkeit zu vertrauen.

Praxis II – Verständnistest

Wissen Sie noch, wie es geht? Kurze Erinnerung: zügig lesen, Zeit aufschreiben, WpM eintragen, Fragen beantworten, Verständnis in % ermitteln, ERR ausrechnen – und alles auf dem Ergebnisbogen erfassen. Wenn Sie es noch einmal genau wissen wollen, schauen Sie in den Kasten im Kapitel I, Seite 120.

Und jetzt los mit dem zweiten Verständnistest!

MENSCHENGRÖSSEN
von Katrin Passig/Aleks Scholz
aus: Lexikon des Unwissens

**BITTE DIESE SEITE ERST UMBLÄTTERN,
WENN SIE DIE STOPPUHR GESTARTET HABEN**

Menschengrößen

Menschen sind bei der Geburt winzig klein und erreichen schon nach wenigen Lebensjahren eine Größe, die es kaum noch erlaubt, sich vorzustellen, dass das Kind einst komplett im Bauch der Mutter Platz hatte. Nach etwa zwanzig Jahren dann ist bei den meisten von uns eine Gesamthöhe von anderthalb bis zwei Metern geschafft. Der dazwischen ablaufende Wachstumsprozess verläuft schleichend und ist daher nur indirekt an den Strichen an der Küchentür zu beobachten. Vieles am Wachstum ist unbekannt und nicht genau verstanden. Hier aber soll es vor allem um die Frage gehen, was am Ende die Größe des Menschen bestimmt. Warum sind manche kleiner und andere größer?

Wichtig für die endgültige Größe eines Menschen sind seine genetischen Anlagen, die beim Zusammenbau von neuen Kindern fest installiert werden. Das Erbgut ist vor allem bei der Betrachtung von Einzelfällen von Bedeutung – kleine Eltern setzen selten große Kinder in die Welt und große Eltern selten kleine. Mittelt man jedoch über ganze Völker, so verschwinden solche individuellen Unterschiede weitestgehend. Inwieweit die durchschnittliche Körpergröße in einer großen Bevölkerungsgruppe von den Genen unabhängig ist, kann man zum Beispiel überprüfen, indem man zwei Probandengruppen vergleicht, die zwar ähnliche mittlere genetische Voraussetzungen aufweisen, aber längere Zeit rigoros voneinander getrennt waren. Eine solche Trennung wurde, ohne Absprache mit der Wissenschaftswelt, über vierzig Jahre in Deutschland aufrechterhalten. Das Ergebnis dieses «Experiments»: Die Menschen in der DDR waren am Ende im Mittel etwa einen Zentimeter kleiner als die im Westen Deutschlands. Noch drastischer fallen die Unterschiede zwischen Nord- und Südkorea aus. Daniel Schwekendiek von der Universität Tübingen fand heraus, dass sechsjährige Jungen in Nordkorea im Jahr 1997 mehr als 15 Zentimeter kleiner waren als ihre Altersgenossen in Südkorea. Weil Nord- und Südkoreaner sich aber innerhalb einiger Jahrzehnte nicht genetisch auseinanderentwickelt haben können, müssen andere Einflüsse für diese Unterschiede verantwortlich sein. Das Erbgut, so wird heute meist angenommen, legt nur die Obergrenze des Wachstums fest. Wie weit man dann tatsächlich in die Höhe schießt, wird auf andere Art und Weise bestimmt.

Menschen wachsen wie alle Lebewesen nur, wenn man ihnen Dinge zuführt, aus denen sie neue Zellen bauen können: Eiweiße, Kohlenhydrate, Fette, außerdem größere Mengen Luft und Wasser und zudem noch eine lange Liste von sonstigen Stoffen. Dass die Zusammensetzung und Menge der Nahrung Auswirkungen auf die mittlere Körpergröße hat, steht heute außer Frage. Ernährung ist aber bei weitem nicht der einzige Faktor. Krankheiten zum Beispiel hemmen das Wachstum, weil das Kind seine Kraft zu ihrer Bekämpfung einsetzt und kaum noch Energie zum Größerwerden zur Verfügung hat. Deshalb spielt offenbar die Krankheitsvorsorge eine Rolle, also Impfungen, Vorsorgeuntersuchungen und regelmäßige Überwachung der Gesundheit der Kinder. Weiterhin scheint die Größe der Menschen von so schwer messbaren Dingen wie Zuneigung, Geborgenheit und Glück abzuhängen. Maria Colwell, ein in den 1960er Jahren geborenes englisches Mädchen, hörte, so sagt man, jeweils mit dem Wachsen auf, wenn man sie zu ihren Eltern ließ, weil es ihr dort schlecht erging. Brachte man sie ins Krankenhaus, wurde sie umgehend größer.

Ungeklärt ist außerdem, wie groß die Menschen überhaupt werden können. Irgendwo liegen genetische und vermutlich auch physikalische Grenzen des Wachstums, denn ein Mensch ist nun mal keine Giraffe. Aus Norwegen, auch ein Land der modernen Riesen, stammen erste Hinweise auf eine optimale, «gesunde» Körpergröße: Die Sterblichkeit der Norweger nimmt mit zunehmender Körpergröße ab, erreicht ungefähr bei 1,90 ein Minimum und steigt danach wieder an. Demzufolge würde man statistisch gesehen am längsten leben, wenn man relativ groß, aber nicht riesig ist. Sehr große Menschen erkranken beispielsweise häufiger an Krebs, und sie stoßen sich häufiger den Kopf am Türrahmen. Die gesunde Obergrenze ist bisher allerdings nirgendwo auch nur annähernd erreicht – vorerst kann der mittlere Holländer unbesorgt weiterwachsen.

Nehmen wir zum Schluss vereinfachend an, dass Menschen, die ein gesünderes Leben führen, größer werden – nochmal erinnert, nur im Durchschnitt. Selbst dann stellt sich die Frage, ob es auch ein schöneres Leben ist. Im 5./6. Jahrhundert waren die Menschen im rückständigen Bayern groß, gesund und langlebig; trotzdem hätten es vermutlich viele von ihnen vorgezogen, ein paar hundert Jahre vorher in Rom zu leben, wo es viel interessanter war und auch deutlich mehr unterhaltsame Gladiatorenkämpfe stattfanden – obwohl die Körpergrößen dort stagnierten. Wie man also die tatsächliche Lebensqualität (und nicht «nur» den biologischen Lebensstandard) misst, darüber sollte man vielleicht nochmal nachdenken.

UHR STOPPEN!

Tragen Sie Ihre benötigte Zeit unter **VERSTÄNDNISTEST/PRAXIS II** bei «Zeit» ein. Nun schauen Sie auf die nächste Seite und ermitteln Ihre Lesegeschwindigkeit in Wörtern pro Minute.

Ermittlung der Lesegeschwindigkeit (WpM):
MENSCHENGRÖSSEN

0–1 Min.	1–2 Min.	2–3 Min.	3–4 Min.	4–5 Min.
Zeit WpM	1.00 – 703	2.00 – 352	3.00 – 234	4.00 – 176
	1.05 – 649	2.05 – 337	3.05 – 228	4.05 – 172
0.10 – 4.218	1.10 – 603	2.10 – 324	3.10 – 222	4.10 – 169
0.15 – 2.812	1.15 – 562	2.15 – 312	3.15 – 216	4.15 – 165
0.20 – 2.109	1.20 – 527	2.20 – 301	3.20 – 211	4.20 – 162
0.25 – 1.687	1.25 – 496	2.25 – 291	3.25 – 206	4.25 – 159
0.30 – 1.406	1.30 – 469	2.30 – 281	3.30 – 201	4.30 – 156
0.35 – 1.205	1.35 – 444	2.35 – 272	3.35 – 196	4.35 – 153
0.40 – 1.055	1.40 – 422	2.40 – 264	3.40 – 192	4.40 – 151
0.45 – 937	1.45 – 402	2.45 – 256	3.45 – 187	4.45 – 148
0.50 – 844	1.50 – 383	2.50 – 248	3.50 – 183	4.50 – 145
0.55 – 767	1.55 – 367	2.55 – 241	3.55 – 179	4.55 – 143
5–6 Min.	**6–7 Min.**	**7–8 Min.**	**8–9 Min.**	**9–10 Min.**
5.00 – 141	6.00 – 117	7.00 – 100	8.00 – 88	9.00 – 78
5.05 – 138	6.05 – 116	7.05 – 99	8.05 – 87	9.05 – 77
5.10 – 136	6.10 – 114	7.10 – 98	8.10 – 86	9.10 – 77
5.15 – 134	6.15 – 112	7.15 – 97	8.15 – 85	9.15 – 76
5.20 – 132	6.20 – 111	7.20 – 96	8.20 – 84	9.20 – 75
5.25 – 130	6.25 – 110	7.25 – 95	8.25 – 84	9.25 – 75
5.30 – 128	6.30 – 108	7.30 – 94	8.30 – 83	9.30 – 74
5.35 – 126	6.35 – 107	7.35 – 93	8.35 – 82	9.35 – 73
5.40 – 124	6.40 – 105	7.40 – 92	8.40 – 81	9.40 – 73
5.45 – 122	6.45 – 104	7.45 – 91	8.45 – 80	9.45 – 72
5.50 – 121	6.50 – 103	7.50 – 90	8.50 – 80	9.50 – 71
5.55 – 119	6.55 – 102	7.55 – 89	8.55 – 79	9.55 – 71

Tragen Sie Ihren Wert auf dem Ergebnisbogen unter **VERSTÄND-
NISTEST/PRAXIS II** bei «WpM» ein, *bevor* Sie zu den Fragen
wechseln.

Fragebogen – Test II – MENSCHENGRÖSSEN

Bitte kreuzen Sie nur die Antworten an, die dem Text entsprechen

1. Welche grundlegende Frage wird im Text formuliert?
   a) Welchen Einfluss hat die Ernährung auf das Wachstum?
   b) Woher rühren die Größenunterschiede zwischen Männern und Frauen?
   c) Warum sind manche Menschen kleiner und andere größer?
   d) Warum verändert sich das Wachstum im Laufe der Jahrhunderte?

2. Wofür ist die Analyse des Erbguts vor allen Dingen wichtig?
   a) Für die Beschleunigung des Wachstums
   b) Für die Vermeidung von Wachstumsstörungen
   c) Für den Vergleich des Wachstums von Menschen und Tieren
   d) Für die Analyse von Einzelfällen

3. Welchen Einfluss hat das Erbgut auf die Größenentwicklung?
   a) Es legt die Obergrenze des Wachstums fest
   b) Es legt die Untergrenze des Wachstums fest
   c) Es kann das Wachstum unerwartet beschleunigen oder reduzieren
   d) Der Einfluss wird nach neueren Erkenntnissen für relativ unwichtig gehalten

4. Welche geographischen Regionen werden erwähnt?
   a) Deutschland und Korea
   b) Japan und China
   c) US-amerikanische Ost- und Westküste
   d) Italien und italienische Immigrationszentren im Ausland

5. Welcher Forscher wird erwähnt?
   a) Patrick Lejeune
   b) Daniel Schwekendiek
   c) Michael Chichester
   d) Toru Hashimoto

6. Welches Kind hörte zeitweise auf zu wachsen?
   a) Ein im 19. Jahrhundert geborenes Waisenkind aus Deutschland
   b) Ein in den 1960er Jahren geborenes englisches Mädchen
   c) Ein in den 1980er Jahren aufgefundenes «Wolfskind» aus Indien
   d) Im Text nicht erwähnt

7) Was wird über den gesellschaftlichen Umgang mit kleinwüchsigen Menschen ausgesagt?
   a) Sie haben geringere Chancen im Erwerbsleben
   b) Sie werden heutzutage weniger stark diskriminiert als früher
   c) Sie sollten von klein auf besser gefördert werden
   d) Im Text nicht erwähnt

8) Welches Land wird als Land der «Modernen Riesen» bezeichnet?
   a) Finnland
   b) USA
   c) Norwegen
   d) Deutschland

9. Was wird über die Gesundheitsrisiken sehr großer Menschen ausgesagt?
   a) Sie erkranken häufiger an Krebs
   b) Ihr Körper kühlt schneller aus
   c) Sie unterscheiden sich in dieser Hinsicht nicht von anderen Menschen
   d) Im Text nicht erwähnt

10. Viele Menschen im 5./6. Jahrhundert in Bayern hätten es vermutlich vorgezogen:
    a) Ein paar hundert Jahre später in Nordeuropa zu leben
    b) Ein paar hundert Jahre vorher in Rom zu leben
    c) Sich besser zu ernähren und größer zu werden
    d) Im Text nicht erwähnt

NUN BLÄTTERN SIE BITTE UM
UND ÜBERPRÜFEN IHRE ANTWORTEN

Antwortblatt – Test II – MENSCHENGRÖSSEN

1. c)	6. b)
2. d)	7. d)
3. a)	8. c)
4. a)	9. a)
5. b)	10. b)

Ermitteln Sie den Prozentsatz der richtigen Antworten und tragen Sie ihn im Ergebnisbogen unter **VERSTÄNDNISTEST / PRAXIS II** ein.

Multiplizieren Sie die WpM und den Verständnisgrad in Prozent und fügen Sie diese neue ERR bitte ebenfalls auf diesem Bogen ein.

Wie bewerten Sie selbst Ihr Ergebnis? Im Kurs stellen wir meistens fest, dass eine deutliche Temposteigerung an dieser Stelle erreicht worden ist. Außerdem ist die Zahl der richtig beantworteten Fragen höher, als die Teilnehmer erwartet hatten. Trifft das auch bei Ihnen zu? Eigentlich wäre es nicht überraschend – wenn Sie die Lesefehler unterlassen haben, die das Verständnis erschweren und das Tempo verlangsamen. Der Umstellungsprozess wird aber zunächst noch von vielen Unsicherheiten begleitet, sodass ein sicheres Gefühl vermutlich noch nicht entsteht. Zu wissen, dass es in diesem frühen Stadium fast allen so geht, ist aber vielleicht eine Beruhigung und lässt Sie vertrauensvoll weiterarbeiten.

Weiteres Vorgehen

An dieser Stelle empfehle ich Ihnen, Ihre Augen etwas zu entlasten und zu entspannen. Beim Lesen werden die Augen ohnehin stark gefordert, und durch die Umstellung auf die neuen Techniken ist die Anstrengung noch stärker zu spüren. Die Übung auf der nächsten Seite soll zu aktiver Augenentspannung beitragen, weil Sie nicht nur horizontale, sondern auch vertikale Blickbewegungen vornehmen.

SPIELREGEL: Beginnen Sie bei dem Wort «Muschel». Suchen Sie dann das Bild «Muschel». Unter diesem Bild steht ein Wort («Bildschirm»), zu dem Sie wiederum das Bild suchen. In dieser Weise lenken Sie Ihre Augen von einem Kästchen zum nächsten, bis Sie schließlich bei dem abgebildeten Buch angekommen sind. Die Vermischung von Bildern und Text soll zusätzlich die Koordination von linker und rechter Gehirnhälfte unterstützen. Führen Sie auch diese Übung zügig durch!

Praxis II – Augenentspannungsspiel

Aus der Muschel kommt zum Schluss das Buch

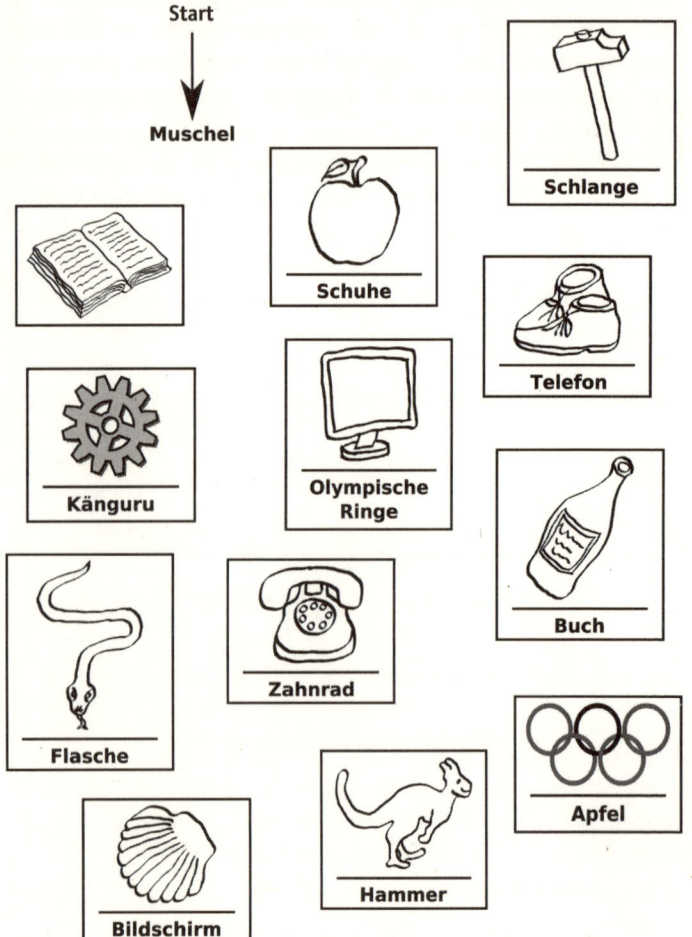

Jetzt empfehle ich Ihnen wieder einen Theorieabschnitt, damit Sie weitere Anregungen für Ihren Veränderungsprozess bekommen. Lesen Sie im Theoriekapitel III, was wir unter «Vorwärtsorientierung» verstehen. Führen Sie aber vorher eine angedeutete Vorausschau auf das Kapitel III durch – wie vor den letzten beiden Theorieteilen. Auf der folgenden Seite finden Sie einige Überschriften und Ausschnitte von unterschiedlichen Sätzen, die in diesem Kapitel vorkommen. Versuchen Sie, auf dieser Basis schon einmal ein Gefühl dafür zu entwickeln, welche Begriffe und Themen Sie erwarten. Bei Unklarheiten und/oder interessanten Formulierungen stellen Sie sich bewusst Fragen, was gemeint sein könnte oder warum etwas Ihr Interesse weckt.

FÜR «PRAKTIKER»: Gönnen Sie sich eine Pause vor dem nächsten Übungsblock (aber das Lesen der Überschriften/Satzfetzen aus dem folgenden Theorieteil wäre auch für Sie ganz hilfreich...).

Praxis II – Kurzübersicht Theorie III

Was man bei einer Vorausschau schon erkennen könnte:

Vertrauen Sie auf Ihr (Wort-)Gedächtnis!
Regression: Doppelt hält nicht immer besser!
– ständige Regression kostet nicht nur viel Zeit,
– werfen Logik des Textes durcheinander.
– Bauchgrummeln einprogrammiert
– ohne Zurückspringen zunächst unwohl fühlen
– keinesfalls an Stellen «festzukleben», ... nicht verstanden haben
– Kontext und ebenfalls Kontext

- Verwechseln Sie unabsichtliche ... nicht mit der absichtlichen Regression,
- schweifen Ihre Gedanken ab

Die Stimme im Ohr bändigen
- als wir lesen lernten ... laut gelesen
- binden wir Lesegeschwindigkeit an Sprechgeschwindigkeit
- Reduzieren, nicht abschaffen!
- schwierige Fremdwörter ... immer mental mitsprechen
- die meisten Wahrnehmungsprozesse in Ihrem Leben über «unmittelbares Verstehen»
- fünfzig Wörtern, die ... ein Drittel der Textmenge ...

Und nun lesen Sie wirklich!

Jetzt empfehle ich das vollständige Lesen dieses Kapitels ab Seite 53, bis das Symbol ✿✿ wieder erscheint. Vielleicht haben Sie sich an diese merkwürdige «Vorausschau» schon etwas gewöhnt und können sich an deutlich mehr Überschriften, Begriffe und Gedanken erinnern als beim ersten Mal. Prüfen Sie bitte, welchen Einfluss dieses Vorgehen auf Ihr Verständnis hat! Danach bietet sich der nächste Praxisteil an, bei dem Sie an der Optimierung der Blickprozesse arbeiten können.

FÜR «PRAKTIKER»: Schön, dass Sie sich trotz Theorie-Unlust die Kurzübersicht über den Theorieteil angesehen haben. Vielleicht hat Sie ja doch das eine oder andere neugierig gemacht, und Sie lesen zumindest an diesen Stellen die ausführlichen Erläuterungen? Wenn Sie den Theorieteil aber vollständig überspringen wollen, gönnen Sie auf jeden Fall vor dem nächsten Praxisteil Ihren Augen eine kleine Erholung.

✿✿ **THEORIE III, SEITE 53**

III Erste Erfolge?

Welche Anregungen haben Sie im Theoriekapitel III erhalten?

1. Die Augen sollen konsequent vorwärtsgerichtet über den Text bewegt werden. Wenn Sie der Text interessiert, entwickeln Sie automatisch eine neugierige Orientierung nach vorn, statt ängstlich zurückzuspringen – übertragen Sie diese Haltung auf alle Texte!

2. Der «kleine Mann im Ohr» darf sich ruhig häufiger zurückhalten (weniger mitsprechen!)

Eine kurze Erinnerung an die vorangegangenen Themen:

1. **Entspannter Blickfokus**: bei jedem Blickstopp mehrere Wörter gleichzeitig erfassen. Je mehr Sicherheit Sie dabei aufbauen, desto leichter fällt es Ihnen, den Kontext zu verstehen und sinnvolle Einheiten («Chunks») zu erkennen.

2. **Peripheres Sehen**: u. a. die Interpunktion nutzen, um die richtigen Wörter für das «Chunken» auszuwählen.

3. **Logik des Autors**: das Nachvollziehen der Argumentation nicht dadurch unterbrechen, dass man sich etwas merken möchte oder eigenen Gedanken folgt.

Arbeiten Sie weiter daran, diese neuen Techniken allmählich zu verinnerlichen! Die vielen Wiederholungen helfen Ihnen dabei, den langjährigen Routinen *neue Routinen* entgegenzusetzen.

Praxis III – Sinngruppenübungen

Bei der nächsten Aufgabe fokussieren Sie wieder mit höchstmöglicher Blickdynamik die Ihnen schon vertrauten Sinngruppen. Auf diese Weise gewöhnen Sie sich immer mehr daran, nicht alle Wörter mental mitzusprechen und gegen das Zurückspringen anzukämpfen. Stellen Sie sich zwei Züge vor: Der eine symbolisiert die Bewegung Ihrer Augen, der andere die Bewegung Ihres Denkens. Normalerweise achten Sie beim Lesen darauf, dass beide Züge parallel zueinander fahren: Ihre Augen bewegen sich genau so schnell wie Ihr Denken. In dieser Aufgabe geht es darum, dass der «Augen-Zug» dem «Gedanken-Zug» regelrecht davonrast: Sie tasten mit Ihren Augen alle Sinngruppen ab, so schnell wie Sie können, ohne Rücksicht darauf zu nehmen, ob Ihr Denken mithalten kann. Es ist nur Augengymnastik – lassen Sie sich darauf ein, den Text überhaupt nicht zu verstehen!

Gehen Sie zurück zum Praxiskapitel II und nehmen Sie sich die Sinngruppen-Übungen 1 bis 4 und die Zwischenübung vor (Seite 144 bis 154). Ihre Zeit tragen Sie wieder in Ihren Ergebnisbogen ein (unter **SINNGRUPPENÜBUNGEN / PRAXIS III** bei «Übung 1», «Übung 2» usw.). Versuchen Sie, eine deutliche Verbesserung gegenüber dem ersten Mal zu erzielen! Kommen Sie nach der Übung hierher zurück.

Erfahrungsgemäß ist auch beim zweiten Durchgang dieser Übung die Dynamik noch nicht optimal. Der Wunsch, den Inhalt zu verstehen, ist so ausgeprägt, dass oftmals doch «gelesen» wird, statt mit den Augen nur schnell die Wortgruppen zu erfassen. Seien Sie nicht enttäuscht von sich, sondern sehen Sie die Anfangsschwierigkeiten als Zeichen dafür, wie schwer es ist, Gewohnheiten abzulegen. «Geben Sie Gas» bei der folgenden Übung.

Praxis III – Augenübungen

Hatten Sie bei der letzten Augenübung die Gelassenheit, Fehler zu akzeptieren – und konnten Sie auf diese Weise Ihre Zeit verbessern? Fehler sind anfangs unvermeidlich und sogar *notwendig*! Vielleicht kennen Sie diesen Ablauf auch von anderen Lernprozessen, z. B. vom Fremdsprachenlernen: Hier ist derjenige am erfolgreichsten, der einfach «drauflosplappert», und nicht, wer unentwegt an Grammatikregeln und korrekte Aussprache denkt. Wenn Sie Ihre Zeit noch nicht verbessern konnten, dann versuchen Sie jetzt ganz gezielt, einfach die Augen laufen zu lassen und Ihre maximale Blickgeschwindigkeit auszureizen – ohne eine einzige Regression!

Haben Sie schon bemerkt, dass die Versuchung zur Regression am größten ist, wenn es *keine* passende Lösung in der Zeile gibt? Die spontane Reaktion ist hier oft: «Ich habe etwas übersehen!» Doch meistens fehlt nur das Vertrauen, trotz des hohen Tempos alles richtig wahrgenommen zu haben. Genau diese Unsicherheit prägt vielfach unser Lesen und verhindert durch ein häufiges Zurückspringen ein Aufnehmen des Textes in logischer Reihenfolge. Lernen Sie sich mit dieser Übung besser kennen, erfahren Sie, dass Sie Ihren Augen vertrauen können und schon beim ersten Mal den Text richtig erfassen – dann lassen Sie sich zukünftig beim Lesen weniger ablenken und bleiben konstant im Gedankenfluss des Autors.

Die Zeitziele bleiben bestehen, aber die Übung selbst wird etwas schwieriger. Auch die Abstände zwischen den einzelnen Elementen werden größer, um Sie darin zu trainieren, die Blicksprünge so groß zu machen, wie es Ihre Blickspanne zulässt. Tragen Sie Ihre Werte wieder auf dem Ergebnisbogen ein (bei: **AUGENÜBUNGEN/PRAXIS III**).

Lösung	Erlass	Lösung	Schnee	nuscheln
Daumen	Daumen	Schuh	Daunenbett	Geburt
siehe oben	Bilderrahmen	siehe oben	Bratensoße	siehe oben
ohne Scheu	Gemüt	Antenne	Grußkarte	Odyssee
Schutzimpfung	modern	begünstigen	Schutzimpfung	Brand
Modesalon	mitunter	Modesalon	Modesalon	Leiste
Buenos Aires	erörtern	Ringelnatter	Buenos Aires	anstrengend
Einnahmen	Einnahmen	Reservat	Grimasse	Streifband
Antiquariat	Goldfisch	Landstraße	Melkmaschine	Eisenbahn
ohne Worte	ohne Worte	Heldenepos	einheizen	ohne Worte
Helikopter	Helikopter	Helikopter	Heißhunger	Hi-Fi-Anlage
Seelenschmerz	Fischfachgeschäft	Seele schmerzt	Seelenschmerz	Scherz beiseite
recht und billig	Stangenspargel	Schaufenster	Modellflugzeug	recht und billig
himmelweit	himmelhoch	angeschwemmt	Bühnenbildner	Firmenschild
Improvisation	Improvisation	indoktrinieren	Sorgenkind	in der Hand
Nasenspitze	fest entschlossen	Schnauzbart	Mitgliedschaft	Nasenspitze

2829	6293	1902	3221	2781	4212	3212	0120	4111	9002	7723	4522	8989	3288	7508	8722
8219	4891	8226	6137	9122	5091	1256	6767	5533	8231	9012	9281	2844	9898	3966	6953
7310	4093	5823	7223	1212	7892	9333	8223	5533	3783	6722	4012	0221	0037	4322	8094
6130	2003	8226	0324	3434	7191	4122	3012	0203	6188	7723	3479	3688	5110	8955	5711
7310	4891	8226	6239	2781	7892	1256	3012	5533	9234	7723	4522	2844	0037	7508	3555

Praxis III – Augenübung – BUCHSTABEN

wvcb	pklj	ppjk	vxcy	ppjk
zwqa	iopp	mccv	iopp	iopp
xysq	ljmm	lbgv	pqww	lbgv
tzxy	tzxy	ffcv	tzab	tzxy
klex	iohg	klbb	rtrt	klbb
äbbz	äqwx	äuop	äklm	äbjc
zbon	uxys	oppn	fgcu	uxys
ebkl	prcq	enmr	idnu	enmr
hzil	cppr	qmmc	cfdt	cfdt
assd	kcmx	üifv	fwpk	rpzq
mprt	wpgb	vnlr	oper	mprt
kklm	spad	bzxp	spad	spad
ibbn	omjk	pccl	immx	ixxn
tuvv	lbxw	wwrz	mfig	wwrz
qccy	ghil	brrt	ppkl	ghil
zxml	nccv	rrwt	pggh	zxml

Praxis III – Augenübung – GLEICHES THEMA

Brücke	Tunnel	sechs	Unterführung	Mähdrescher
schlicht	fetzen	bescheiden	ebnen	drumherum
kleinmütig	richtig	großspurig	Apfel	verzagt
Nudeln	Prozent	Erdkunde	Kartoffeln	Reis
spitzfindig	Armut	grün	Rutsche	verladen
behaglich	bequem	Liegestütze	oben	Pritsche
vereiteln	verheilen	verhindern	Wiese	sowieso
Ochse	weiß	Esel	Feder	schwammig
spannend	Prozent	Erdkunde	langweilig	schlucken
Falle	Kreuzung	liebevoll	Abwaschen	zügig
Verwirrung	Unsicherheit	Himmel	Türsteher	Karotte
schminken	Ölwechsel	pudern	rabiat	Kontrolleur
anmaßend	Libelle	stören	unverschämt	frech
Rätsel	Geheimnis	Seil	Ohrring	schmecken
schimpfen	Mundspray	Gras	Berggipfel	loben
Anreiz	Kehle	Nashorn	Tippen	rechteckig

Unsere Lösungen: **Brücke**/Tunnel/Unterführung, **schlicht**/bescheiden, **kleinmütig**/großspurig/verzagt, **Nudeln**/Kartoffeln/Reis, **spitzfindig**/(nichts), **behaglich**/bequem, **vereiteln**/verhindern, **Ochse**/Esel, **spannend**/langweilig, **Falle**/(nichts), **Verwirrung**/Unsicherheit, **schminken**/pudern, **anmaßend**/unverschämt/frech, **Rätsel**/Geheimnis, **schimpfen**/loben, **Anreiz**/(nichts)

Kommentar zu den Ergebnissen der Augenübungen

Hat es sich in Ihrer Blickdynamik ausgewirkt, dass die Übung schwieriger geworden ist? Bei den Buchstaben und Zahlen stand diesmal eine Stelle mehr. Wenn Ihre Zeiten also lediglich gleich geblieben sind, haben Sie sich in Wirklichkeit schon verbessert. Arbeiten Sie aber beim nächsten Mal auf jeden Fall daran, die Zielzeiten zu erreichen!

Weiteres Vorgehen

Die Ergebnisse des folgenden Verständnistests sollen zeigen, ob die bisher durchgeführten Übungen schon zu Fortschritten geführt haben. Seien Sie mutig, fallen Sie nicht in alte Gewohnheiten zurück und vertrauen Sie dem Zusammenspiel von Auge und Gehirn. Ein Verständnisniveau von 60–70 % ist momentan ausreichend, wenn Sie Ihr Lesetempo – im Vergleich zum Ausgangsniveau – jetzt mindestens verdoppeln. Achten Sie wieder auf:

1. *Breite Fokussierung* (entspannter Blick)
2. *Vorwärtsorientierung* (Neugier statt Ängstlichkeit)
3. *Zuversicht:* Trauen Sie Ihrem ersten Eindruck, denken Sie nicht zu lange über die Antworten nach und ändern Sie nicht Ihre Meinung. (Sie wissen ja: Der Bauch hilft dem Kopf beim Denken ...).
4. *Neu:* Die *Stimme im Ohr bändigen*, d. h. weniger mitsprechen oder mithören (vor allem die leicht ergänzbaren Wörter nicht).

Praxis III – Verständnistest

Wissen Sie noch, wie es geht? Kurze Erinnerung: zügig lesen, Zeit aufschreiben, WpM eintragen, Fragen beantworten, Verständnis in Prozent ermitteln, ERR ausrechnen – und alles auf dem Ergebnisbogen erfassen. Wenn Sie es noch einmal genau wissen wollen, schauen Sie in den Kasten auf Seite 120.

Und jetzt los mit dem dritten Verständnistest!

ERKÄLTUNG
von Katrin Passig/Aleks Scholz
aus: Lexikon des Unwissens

**BITTE DIESE SEITE ERST UMBLÄTTERN,
WENN SIE DIE STOPPUHR GESTARTET HABEN**

Erkältung

Im Vergleich zum, sagen wir, Tausendfüßler, von dem im letzten Jahrhundert ganze 13 Exemplare gesichtet wurden, ist die Erkältung ein relativ bequem zu erforschendes Phänomen, denn man braucht sie zumindest nicht lange zu suchen. Erwachsene erkranken im Schnitt weltweit zwei- bis fünfmal jährlich daran; Schulkinder fünf- bis siebenmal. Auch wenn der Forschungsdruck auf diese nicht gerade exotische Krankheit entsprechend hoch ist, wissen wir bis heute nicht, wann und warum Menschen sich erkälten. Und das, obwohl in der langen Forschungsgeschichte einiges herausgefunden wurde.

Bekannt ist zum Beispiel, dass 30–50 Prozent der Erkrankungen bei Erwachsenen von Rhinoviren ausgelöst werden, den Rest teilen sich ein paar andere Viren, darunter das erst 2001 entdeckte Metapneumovirus, sowie beträchtliche Mengen bisher unbekannter Erreger. Die typischen Symptome – Schnupfen, leichtes Fieber, Halsschmerzen – verdanken wir dabei nicht den Erregern, sondern indirekt der Reaktion unseres Immunsystems. Nach überstandener Erkältung stellt sich Immunität gegen den Auslöser ein, man erkrankt also nur einmal an einem bestimmten Virus. Da es aber um die 100 bis 200 in Frage kommende Erreger gibt, ist die Auswahl groß genug, um sich lebenslänglich jedes Jahr mit neuen Viren zu infizieren.

Wie aber, lautet das große Rätsel, handelt man sich die Erreger ein? Zweifelsfrei erwiesen ist nur, dass in Laborversuchen 95 Prozent aller Testpersonen, die Rhinoviren direkt in die Nase geträufelt bekommen, sich auch infizieren. Doch wie gelangen die Erreger zu uns, wenn man keine Pipette zu Hilfe nimmt? In einem klassischen Experiment steckte man gesunde und erkältete Testpersonen für zwei Stunden in einen Raum, trennte sie durch einen Vorhang voneinander und verabreichte den Erkälteten nach einer Stunde zur Sicherheit eine Dosis Niespulver, damit sie nicht etwa aus falscher Bescheidenheit alle Erkältungsviren für sich behielten. In der Folge erkrankten nur um die 10 Prozent der gesunden Testpersonen, was nicht komplett gegen die Luftübertragung als Hauptansteckungsweg spricht, aber eben auch nicht sehr stark dafür.

Einerseits will man so genau gar nicht wissen, wie es um die Verteilung von Körperflüssigkeiten zum Beispiel in U-Bahn-Waggons bestellt ist, andererseits scheint uns diese Allgegenwart der Erreger nicht sonderlich zu schaden: Mütter stecken sich keineswegs zuverlässig bei ihren erkälteten Kindern an, Ehegatten infizieren sich nicht besonders häufig gegenseitig, und selbst das Küssen Erkälteter gilt als unbedenklich. Offenbar ist der Ansteckungsprozess selbst schon ein komplizierter Vorgang.

Aber nicht einmal die grundlegende Aussage «Eine Erkältung bekommt man, indem man sich bei anderen Erkälteten ansteckt» ist unumstritten, auch wenn einiges dafür spricht: Solange die Dörfer auf Grönland und Spitzbergen nur per Schiff zu erreichen waren, blieb die Bevölkerung in den Wintermonaten, in denen man von der Außenwelt abgeschnitten war, von Erkältungen verschont; nach Ankunft des ersten Schiffs im Frühjahr allerdings brach unweigerlich das große Husten und Niesen aus. Dieser Sachverhalt ist gut dokumentiert, aber bis heute ist nicht hinreichend erklärt, warum sich die Erkältung in der Arktis so eindeutig als von außen eingeschleppte Infektionskrankheit gebärdet, während sich in mehreren großen Studien zeigen ließ, dass die Erkältungsepidemien der Nordhalbkugel sich nicht etwa nach und nach durch die Bevölkerung ausbreiten, wie man es von einer ordentlichen Infektionskrankheit erwarten sollte. Die großen Erkältungswellen treten vielmehr in allen untersuchten Gegenden gleichzeitig auf, und zwar mit Jahresmaxima im Januar, September und November.

Da auf der Nord- wie auf der Südhalbkugel die Erkältungshäufigkeit in der kalten Jahreszeit deutlich größer ist, liegt es nahe, nach einem Zusammenhang zwischen Klima und Erkältung zu suchen – gefunden hat man ihn bisher noch nicht. Häufig hört man die Begründung, dass wir uns im Winter dicht gedrängt in schlecht gelüfteten Räumen aufhalten. Tatsächlich aber sitzen wir auch im Sommer die meiste Zeit in denselben Räumen herum, was die These etwas unglaubhaft wirken lässt. Trockene Zentralheizungsluft kann ebenfalls kaum der Verursacher sein, denn die Nasenschleimhäute kommen mit trockener Luft gut zurecht. Im Experiment und in der Wüste zeigt sich, dass sie auch bei extrem niedriger Luftfeuchtigkeit weiterhin problemlos funktionieren. Zudem beginnt die Heizperiode in vielen Ländern erst deutlich später als die herbstlichen Erkältungswellen. Spielt ein «geschwächtes Immunsystem» bei der Infektion eine Rolle? Schützen Glück, positives Denken oder Kniebeugen am offenen Fenster? Nichts davon ist bisher erwiesen – das heißt, jeder dieser Effekte wurde bereits nachgewiesen, aber ebenso viele Studien ergaben das Gegenteil oder gleich gar nichts.

Liegt es vielleicht nicht so sehr an der Umgebungstemperatur, sondern an der Auskühlung des Körpers? Zahlreiche Experimente, bei denen wenig beneidenswerte Freiwillige in nassen Badehosen auf zugigen Fluren herumstehen mussten, verliefen unbefriedigend.

Erstaunlich genug, dass die üblichen Erklärungsmodelle rätselhafter Phänomene – Außerirdische, Antimaterie, Erdstrahlen, … – im Zusammenhang mit Erkältungen bisher ausgeblieben sind. Vielleicht muss man die Forscher erst durch Publikation absurder Hypothesen aufstacheln, damit die Erkältungserkenntnis Fortschritte macht.

UHR STOPPEN!

Tragen Sie Ihre benötigte Zeit unter VERSTÄNDNISTEST/PRAXIS III bei «Zeit» ein. Nun schauen Sie bitte auf die nächste Seite und ermitteln Ihre Lesegeschwindigkeit in Wörtern pro Minute.

Ermittlung der Lesegeschwindigkeit (WpM): ERKÄLTUNG

0 – 1 Min.	1 – 2 Min.	2 – 3 Min.	3 – 4 Min.	4 – 5 Min.
Zeit WpM	1.00 – 752	2.00 – 376	3.00 – 251	4.00 – 188
	1.05 – 694	2.05 – 361	3.05 – 244	4.05 – 184
0.10 – 4.512	1.10 – 645	2.10 – 347	3.10 – 237	4.10 – 180
0.15 – 3.008	1.15 – 602	2.15 – 334	3.15 – 231	4.15 – 177
0.20 – 2.256	1.20 – 564	2.20 – 322	3.20 – 226	4.20 – 174
0.25 – 1.805	1.25 – 531	2.25 – 311	3.25 – 220	4.25 – 170
0.30 – 1.504	1.30 – 501	2.30 – 301	3.30 – 215	4.30 – 167
0.35 – 1.289	1.35 – 475	2.35 – 291	3.35 – 210	4.35 – 164
0.40 – 1.128	1.40 – 451	2.40 – 282	3.40 – 205	4.40 – 161
0.45 – 1.003	1.45 – 430	2.45 – 273	3.45 – 201	4.45 – 158
0.50 – 902	1.50 – 410	2.50 – 265	3.50 – 196	4.50 – 156
0.55 – 820	1.55 – 392	2.55 – 258	3.55 – 192	4.55 – 153
5 – 6 Min.	**6 – 7 Min.**	**7 – 8 Min.**	**8 – 9 Min.**	**9 – 10 Min.**
5.00 – 150	6.00 – 125	7.00 – 107	8.00 – 94	9.00 – 84
5.05 – 148	6.05 – 124	7.05 – 106	8.05 – 93	9.05 – 83
5.10 – 146	6.10 – 122	7.10 – 105	8.10 – 92	9.10 – 82
5.15 – 143	6.15 – 120	7.15 – 104	8.15 – 91	9.15 – 81
5.20 – 141	6.20 – 119	7.20 – 103	8.20 – 90	9.20 – 81
5.25 – 139	6.25 – 117	7.25 – 101	8.25 – 89	9.25 – 80
5.30 – 137	6.30 – 116	7.30 – 100	8.30 – 88	9.30 – 79
5.35 – 135	6.35 – 114	7.35 – 99	8.35 – 88	9.35 – 78
5.40 – 133	6.40 – 113	7.40 – 98	8.40 – 87	9.40 – 78
5.45 – 131	6.45 – 111	7.45 – 97	8.45 – 86	9.45 – 77
5.50 – 129	6.50 – 110	7.50 – 96	8.50 – 85	9.50 – 76
5.55 – 127	6.55 – 109	7.55 – 95	8.55 – 84	9.55 – 76

Tragen Sie Ihren Wert auf dem Ergebnisbogen unter **VERSTÄND-NISTEST/PRAXIS III** bei «WpM» ein, *bevor* Sie zu den Fragen wechseln.

Fragebogen – Test III – ERKÄLTUNG

Bitte kreuzen Sie nur die Antworten an, die dem Text entsprechen

1. Wovon wird fast die Hälfte der Erkältungen ausgelöst?
   a) Von aggressiven Interspigmalviren
   b) Von Rhinoviren
   c) Vom erst 2001 entdeckten Metapneumovirus
   d) Keinem einzelnen Faktor wird eine solch hohe Bedeutung zuge-
      schrieben

2. Wie viele Testpersonen erkranken bei der Luftübertragung eines
   Erregers in einem Experiment?
   a) 10 %
   b) 35 %
   c) 80 %
   d) Im Text nicht erwähnt

3. Welche Berufsgruppen werden als besonders anfällig für Erkäl-
   tungskrankheiten beschrieben?
   a) Krankenschwestern und Ärzte
   b) Lehrer und Busfahrer
   c) Büroangestellte
   d) Im Text nicht erwähnt

4. Was wird über die frühere Erkältungshäufigkeit auf Grönland und
   Spitzbergen ausgesagt?
   a) Die einheimische Bevölkerung war gegen Erkältungen praktisch
      immun
   b) Erkältungen blieben in den Wintermonaten aus
   c) Erkältungen traten gelegentlich in Form kleinerer Epidemien auf
   d) Im Text nicht erwähnt

5. Was wird über die Erkältungshäufigkeit in der kalten Jahreszeit
   ausgesagt?
   a) Sie gehört zu den wenigen Aspekten, die umfassend erforscht
      sind
   b) Sie wurde erst seit den 1960er Jahren umfangreich erforscht
   c) Sie ist auf der Nord- wie auf der Südhalbkugel gleichermaßen
      erhöht
   d) Sie ist nur in den nördlichen Ländern erhöht

6. Wie kommen die Nasenschleimhäute mit trockener Luft zurecht?
   a) Gut
   b) Schlecht
   c) Individuell verschieden
   d) Im Text nicht erwähnt

7. Erkältungen finden sich erstaunlicherweise auch bei:
   a) Tausendfüßlern
   b) Kanarienvögeln
   c) Hamstern
   d) Im Text nicht erwähnt

8. Als geeignete Mittel gegen Erkältungen werden empfohlen:
   a) Gesunde Ernährung und ausreichender Schlaf
   b) Positives Denken und Kniebeugen am offenen Fenster
   c) Warme Kleidung, insbesondere an den Füßen
   d) Nichts davon wird empfohlen

9. Welches ungewöhnliche Experiment wird erwähnt?
   a) Die Anzahl der Niesanfälle in einem Jahr wurde bei Testpersonen minutiös registriert
   b) Mütter haben sich absichtlich bei ihren Kindern infiziert
   c) Freiwillige mussten in nassen Badehosen auf zugigen Fluren herumstehen
   d) Freiwillige mussten ohne Bettdecke und mit laufendem Ventilator schlafen

10. Welche Erklärungsmodelle rätselhafter Phänomene werden erwähnt?
    a) Außerirdische, Antimaterie, Erdstrahlen
    b) Die Launen der Evolution und das Zufallsprinzip
    c) Göttliche Einwirkung, parapsychologische Kräfte
    d) Im Text nicht erwähnt

**NUN BLÄTTERN SIE BITTE UM
UND ÜBERPRÜFEN IHRE ANTWORTEN**

Antwortblatt – Test III – ERKÄLTUNG

1. b)	6. a)
2. a)	7. d)
3. d)	8. d)
4. b)	9. c)
5. c)	10. a)

Tragen Sie den Prozentsatz der richtigen Antworten und die «Effective Reading Rate» (ERR) bitte auf dem Ergebnisbogen unter **VERSTÄNDNISTEST/PRAXIS III** bei «ERR» ein.

Sind Sie zufrieden mit Ihrem Ergebnis? So sollte es eigentlich sein – vorausgesetzt, Sie haben die vorherigen Übungen konsequent durchgeführt und sind in Ihren Erwartungen realistisch geblieben. Maßstab für Ihre Bewertung ist die erreichte ERR. Ein gutes Ergebnis wäre hier: eine deutliche Steigerung des Lesetempos durch den Einsatz der richtigen Techniken und ca. 70 % Verständnis. Wenn Sie sich allerdings die Temposteigerung durch Auslassung von Textteilen erkauft haben, können Sie kein gutes Verständnis erwarten. Und wenn weder Tempo noch Verständnis gestiegen sind, haben Sie vielleicht wieder zu dem trügerischen Rettungsring Einzelwortlesen mit Regression gegriffen. Unsere Techniken und Vorgehensweisen zielen auf verbesserte Blickprozesse und ein höheres Textverständnis ab. «Zufällig» ist dabei die Konsequenz auch ein höheres Lesetempo. Langsames Lesen könnte ein Indikator dafür sein, dass Sie noch nicht genügend Mut oder Gelassenheit für den Veränderungsprozess aufgebracht haben.

Weiteres Vorgehen

Schließen Sie diesen Praxisblock doch wieder mit einer aktiven Augenentspannung ab und führen Sie die Übung auf der nächsten Seite durch.

SPIELREGEL: Alle Wörter dieses Spiels bestehen aus zwei Teilen (zusammengesetzte Substantive). Fangen Sie bei dem Wort «Regenschirm» an. Es beginnt mit «Regen» und endet mit «schirm». Suchen Sie als Nächstes das Wort, das mit «Schirm» beginnt. Die zweite Hälfte dieses Worts soll wiederum der erste Teil des nächsten sein. In dieser Weise lenken Sie Ihre Augen von einem Wort zum nächsten, bis Sie schließlich beim «Treffpunkt» angekommen sind.

Praxis III – Augenentspannungsspiel

Wie man mit dem Regenschirm zum Treffpunkt kommt

Start

Regenschirm

Kuchenform   Robenärmel

Paradiesapfel   Farbenspiel   Schwimmerparadies

Schirmständer

Ständerfarben

Kreuzungspunkt

Lauftreff

Formkrisen

Einfahrtsverbot   Richterrobe

Wegkreuzung

Marathonlauf

Spielhallen   Sitzungsmarathon

Krisensitzung

Waldweg

Kanalschwimmer

Schilderwald

Apfelkuchen

Verbotsschilder   Hallentor

Punktrichter

Toreinfahrt

Ärmelkanal

Treffpunkt

Jetzt empfehlen wir Ihnen wieder einen Theorieteil, damit Sie weitere Anregungen für den Veränderungsprozess Ihrer Lesetechniken erhalten. Lesen Sie dort, was wir unter «Sinnsignalen» verstehen und welche Funktion sie haben. Stimmen Sie sich zunächst wieder mit der angedeuteten Vorausschau auf der nächsten Seite ein, aus deren Darstellung Sie jetzt bestimmt schon größeren Gewinn ziehen können als beim ersten Mal.

FÜR «PRAKTIKER»: Auch wenn Sie der Theorieblock nicht interessiert, lassen Sie sich zumindest durch die Vorausschau anregen und gönnen sich dann eine Pause vor dem nächsten Übungsblock.

Praxis III – Kurzübersicht Theorie IV

Was man bei einer Vorausschau schon erkennen könnte:

Sinnsignale erkennen oder: Her mit der Aussage!
– Sie orientieren sich an Bildern, Graphiken, Überschriften,
– transportieren die Botschaften des Autors, …
– Ideen zur Kernaussage … Erwartungshaltungen
– Wie macht sich ein Sinnsignal bemerkbar?
– Achten Sie auf Substantive und Verben
– fassen wir in folgender Formel zusammen:
  Sinngruppen sehen («chunken»)
  + Sinnsignale beachten
  = effizientes Textverstehen
– augen- und gehirngerechtes Lesen
– ausschlaggebend für die Bestimmung der Frage, was … Sinnsignale für Sie sein könnten …, sind jedoch Ihre Ziele und Fragestellungen

Und nun lesen Sie wirklich!

Jetzt empfehle ich das vollständige Lesen des Theoriekapitels IV ab Seite 65, bis das Symbol  wieder erscheint. Da dies Ihre dritte Vorausschau war, gehen Sie jetzt vielleicht schon mit gezielten Fragestellungen an das besagte Kapitel heran.

Danach bietet sich der nächste Praxisteil an, bei dem Sie noch intensiver an Ihren Blickprozessen arbeiten können, da Sie jetzt mit unseren Übungsformen schon recht vertraut sind.

FÜR «PRAKTIKER»: Sind Sie uns nur dieses Mal durch die Vorausschau gefolgt oder haben Sie schon die Kurzübersichten zuvor für einen ersten Eindruck genutzt? Springen Sie doch zwischendurch auch einmal in den Theorieteil, schließlich kennen Sie ihn ja schon (fast) zur Hälfte!

THEORIE IV, SEITE 65

IV Nicht verzagen – üben!

Welche wesentliche Anregung haben Sie in Kapitel IV des Theorieteils erhalten? Achten Sie zukünftig bewusst auf *Sinnsignale*! Lesen ist kein Abarbeiten eines Textes, sondern die Suche nach den für Sie wichtigen Aussagen des Autors bzw. die Antworten auf Ihre Fragen. Achten Sie bewusst auf die Signale, die Sie schrittweise dorthin führen: Überschrift, Bilder, Substantive, längere Wörter, Textformatierungen ...

Eine kurze Erinnerung an die vorangegangenen Themen:

1. **Entspannter Blickfokus**
2. **Peripheres Sehen**
3. **Logik des Autors**
4. **Regression vermeiden**
5. **Inneres Mitsprechen reduzieren**

Die nächsten Übungen werden Ihnen wieder helfen, diese Lesetechniken zu lernen. Vertrauen Sie unserer Erfahrung und machen Sie mit! Setzen Sie sich bei den Übungen immer deutlich unter Druck, sonst verändert sich nichts.

Praxis IV – Sinngruppenübungen

Weiteres Vorgehen

Spurten Sie zum dritten und – wenn Sie wollen – letzten Mal durch die Sinngruppenübungen 1 bis 4 und die Zwischenübung («Praxis II», Seite 144 bis 154). Da Sie die Wörter nun schon zum wiederholten Male sehen, dürfte es Ihnen leichtfallen, die innere Stimme zu reduzieren. Bleiben Sie entspannt! Ohne die lästigen Lesefehler entwickelt sich das Tempo ganz von selbst. Ihre – hoffentlich weiter verbesserten Zeiten – tragen Sie wieder in Ihren Ergebnisbogen ein (unter **SINNGRUPPENÜBUNGEN / PRAXIS IV** bei «Übung 1», Übung 2» usw.). Kommen Sie nach der Übung hierher zurück.

Hoffentlich sind Sie inzwischen dicht an die «Idealzeit» von 15 Sekunden herangekommen! Das bloße (aber sichere) Fixieren von Textteilen ist eben sehr viel schneller möglich, als Sie wohl zu Beginn gedacht hatten. Auch Ihr Gehirn kann ein wesentlich höheres Lesetempo leisten: Im Praxiskapitel III sollte der «Augen-Zug» dem «Gedanken-Zug» davonrasen – nun kann sich die Geschwindigkeit der Züge wieder annähern.

Wenn Sie jedoch deutlich unter 15 Sekunden geblieben sind, fragen Sie sich, ob Sie wirklich bei jeder Symbolgruppe einen Blickstopp gemacht haben. Sie sollten nichts auslassen, sonst werden Sie später kein gutes Textverständnis erreichen.

Unterstützen Sie Dynamik und Qualität der Blickprozesse weiter durch die folgende Augenübung.

Praxis IV – Augenübungen

Haben Sie inzwischen in der letzten Augenübung ein paar Fehler zugelassen und sind dadurch schneller geworden? Es kommt häufig vor, dass jemand nur ein bis zwei Fehler macht, aber zehn oder zwanzig Sekunden schneller wird. In diesem Fall wurde also anfänglich ein Drittel bis die Hälfte der Zeit dafür aufgewendet, ein bis zwei Fehler zu vermeiden. Das mag für manche Aufgaben richtig und notwendig sein, aber es ist zu fragen, ob sich dieser Zeitaufwand als generelle Zielsetzung lohnt. Etwas mehr Großzügigkeit führt möglicherweise zu einem insgesamt besseren Ergebnis. Für den Verbesserungsprozess ist sie auf jeden Fall unabdingbar! Wenn Sie jedoch die Zielzeiten inzwischen erreicht haben, dürfen Sie bei der kommenden Übung auch wieder daran arbeiten, Ihre Fehlerzahl zu reduzieren.

Tragen Sie Ihre Werte wieder auf dem Ergebnisbogen ein (bei: **AUGENÜBUNGEN / PRAXIS IV**).

unabhängig	auswendig lernen	eine Ausbildung	unabhängig	Kindesalter
übernehmen	übernehmen	das war hart	dann habe ich	übernehmen
Ausprägung	Wahlfach	Patientin	Abschlussklasse	hat Spaß gemacht
Namensschild	Akademiker	Bemerkungen	Namensschild	Namensschild
das ist falsch	Trugschluss	das ist falsch	Orangensaft	es ist umgekehrt
Kreiskrankenhaus	Kreiskrankenhaus	entscheidungsschwach	Medizinstudium	Notfallmedizin
Finanzinstitut	Landeshauptstadt	Börsenturbulenz	Hand in Hand	Finanzinstitut
Zweiklassengesellschaft	Großherzogtum	alteingesessen	Bürgermeister	Zweiklassengesellschaft
neues Zuhause	Wohnraumnot	Zuwachsrate	neues Zuhause	Immobilienmarkt
Preissteigerungsrate	Preisausschreiben	Preiswürdigkeit	preiswert	Preisstabilität
Mehrwertsteuer	Umsatzsteuer	Steuerparadies	Steuern zahlen	Mehrwertsteuer
das kann passieren	darauf kommt es an	das kann passieren	das kann ich nicht	das kann passieren
Berufsgruppen	Erwartungshaltung	Gewinnausschüttung	Berufslosigkeit	Entscheidungsschwäche
Schwerfälligkeit	Schwerelosigkeit	erstaunlicherweise	übersinnlich	schwer von Begriff
Personalberater	Auslandspraktikum	Personalberater	Personalberater	Führungskompetenz
Gewinn und Verlust	Abgeltungssteuer	degressive Abschreibung	Gewinn und Verlust	operatives Ergebnis

Praxis IV – Augenübung – ZIFFERN

6494	3826	1358	9684	1358
9432	9432	4768	6713	9432
5785	8305	1832	6593	6593
7261	1594	6649	2507	1075
8364	4219	1478	4219	4219
5670	1825	2130	1932	5612
7834	9754	7834	1378	7834
8511	1367	2581	3152	8511
5941	4872	4798	3860	4798
3146	2111	5164	4190	9149
3515	2718	9576	2718	2718
0671	0126	0761	0371	0671
6996	3663	5382	3063	3663
3582	2669	3785	2151	5639
0613	2351	6032	0613	0613
9234	7782	2557	1531	2557

Praxis IV – Augenübung – BUCHSTABEN

phnt	nftb	qrdg	misp	qrdg
xazb	qaxr	mmls	xazb	xazb
yfpq	bdag	mxce	drez	bdag
plmu	awex	kswi	dret	gdaz
kmuz	mnop	mnop	kmui	mnop
cqrd	cder	cugb	dert	cqrd
acrt	cder	zhtu	aswe	asdf
nmöl	bzpq	kilo	jklm	jklm
okmj	rstb	ujnh	rtzu	rstb
plöü	üöäi	übty	äöüo	übty
ölpo	iuoz	vgzu	uerg	ubwk
yjtw	drte	vcds	yaqw	yjtw
ömtn	nbfd	ömtn	njiu	ömtn
bmcn	tzru	fghj	thir	thir
tzre	rwzs	asdw	rwzs	rwzs
cxde	rtzs	eldj	venu	lmeb

Achterbahn	Rehkitz	Hau-den-Lukas	Silhouette	Kettenkarussell
Parkettboden	mit aller Kraft	selbstständig	Felsen	Buchstütze
Scheckzahlung	Inbrunst	Überweisung	monarchistisch	Löwenbändiger
Passkontrolle	Zollabfertigung	pathetisch	Erpressung	schönreden
ein Ei kochen	mittendrin	Lob und Tadel	Fußgängerzone	furchtlos
Frühstückssaal	Inschrift	Aufenthaltsraum	10-Bett-Zimmer	Sodbrennen
Bus fahren	Ball spielen	Gruselfilm	Räucherhering	Schrotthändler
Beachvolleyball	Strandgymnastik	tagtäglich	Gruppenarbeit	Fuchspelz
Dauerwelle	grundfalsch	waschen und föhnen	Ostermontag	Nonstopflug
Modenschau	reichhaltig	Industriegebiet	Leistenbruch	Schönheitswettbewerb
Reifenpanne	Marzipanpastete	Karussell	außerehelich	Knoblauch
Tiefkühltheke	Bahnfahrkarte	Käseabteilung	Patenkind	Süßigkeitenecke
Bauarbeiter	Socke	Patriarch	Installateur	Terrasse
Rindersteak	Wiener Schnitzel	Quadrat	Inflation	Erinnerung
Staubsauger	straucheln	Handfeger	Wischmopp	dämpfen
Werkshalle	Anthrazit	genießbar	Fabrikschlot	plätschern

Unsere Lösungen: **Achterbahn** / Hau-den-Lukas / Kettenkarussell, **Parkettboden** / (nichts), **Scheckzahlung** / Überweisung, **Passkontrolle** / Zollabfertigung, **ein Ei kochen** / (nichts), **Frühstückssaal** / Aufenthaltsraum / 10-Bett-Zimmer, **Bus fahren** / (nichts), **Beachvolleyball** / Strandgymnastik, **Dauerwelle** / waschen und föhnen, **Modenschau** / Schönheitswettbewerb, **Reifenpanne** / (nichts), **Tiefkühltheke** / Käseabteilung / Süßigkeitenecke, **Bauarbeiter** / Installateur, **Rindersteak** / Wiener Schnitzel, **Staubsauger** / Handfeger / Wischmopp, **Werkshalle** / Fabrikschlot

Weiteres Vorgehen

Nach dieser vorbereitenden Augengymnastik sind Ihre Augen jetzt auf größere Blicksprünge und eine höhere Dynamik für das «richtige» Lesen eingestimmt. Testen Sie Ihr Potenzial:

◻ Entweder steigern Sie jetzt Ihr Lesetempo, wenn Sie in den letzten Tests schon ein gutes Verständnis erzielt haben.

◻ Oder Sie fixieren bewusst sicherer und vollständiger, ohne jedoch an Tempo nachzulassen, wenn Sie im letzten Test weniger als 60 % verstanden haben.

Hetzen Sie nicht über den Text – der bloße Abbau der Lesefehler macht Sie schon schnell genug. Aber entwickeln Sie ein Gefühl für das momentan angemessene Maß an Genauigkeit. Ein Verständnisniveau von 70 – 80 % wäre jetzt ideal.

Die Besinnung auf die Technik erhöht die Konzentration. Gehen Sie deshalb noch einmal kurz die einzelnen Aspekte durch, die Sie bei dem folgenden Verständnistest berücksichtigen sollten: Sinngruppen erfassen, keine Regression, Sinnsignale erkennen, inneres Mitsprechen reduzieren, Großzügigkeit / Gelassenheit.

Praxis IV – Verständnistest

Die Vorgehensweise kennen Sie inzwischen. Wenn zu viel Zeit vergangen ist seit der letzten Testdurchführung, dann schauen Sie noch einmal im Kasten auf Seite 120 nach.

Und jetzt los mit dem vierten Verständnistest!

KURZSICHTIGKEIT
von Katrin Passig/Aleks Scholz
aus: Lexikon des Unwissens

**BITTE DIESE SEITE ERST UMBLÄTTERN,
WENN SIE DIE STOPPUHR GESTARTET HABEN**

Kurzsichtigkeit

Erwachsenwerden ist in vieler Hinsicht eine schöne Sache: Man darf Grimassen schneiden, ohne dass einem das Gesicht so stehen bleibt, man darf mit vollem Magen schwimmen gehen, und wenn man unbedingt will, darf man sogar bei Temperaturen unter null am nächsten Laternenpfahl lecken. Man friert dann zwar immer noch fest, aber bitte, das ist das gute Recht jedes volljährigen Bürgers. Nicht abschließend geklärt ist jedoch die wichtige Frage, ob man ununterbrochen Computerspiele spielen und im Taschenlampenlicht unter der Bettdecke lesen darf oder ob unsere Eltern und Großeltern doch recht hatten und man sich dabei die Augen verdirbt. Die einen sagen so, die anderen sagen so, und wie erwachsene Menschen wollen wir jetzt die Argumente beider Seiten betrachten. Es könnte sich lohnen, dabei vorsichtshalber das Buch nicht allzu nahe vors Gesicht zu halten.

Was genau in welcher Reihenfolge mit dem Auge passiert, wenn ein Mensch kurzsichtig wird, ist kompliziert und noch nicht ganz verstanden. Für unsere Zwecke soll es genügen, dass der Augapfel aus der Form gerät, nämlich zu lang wird. Jetzt kann das Bild der Außenwelt nicht mehr ordnungsgemäß auf die Netzhaut projiziert werden, und man braucht eine Brille. Dass überhaupt ab und zu ein normalsichtiger Mensch entsteht, ist ein kleines Wunder, denn der Körper muss dazu im Laufe des Wachstums die Augapfellänge in Abhängigkeit von verschiedenen Faktoren auf Millimeterbruchteile genau justieren. Kurzsichtigkeit kann sich in jedem Lebensalter bemerkbar machen. Je früher sie auftritt, desto höhere Dioptrienwerte werden im Allgemeinen im Lauf des Lebens erreicht; der Fortschritt der Kurzsichtigkeit kann aber auch jederzeit vorübergehend oder dauerhaft zum Stillstand kommen. Auf die unterschiedlichen Varianten der Kurzsichtigkeit gehen wir hier nicht näher ein, um uns ungestört der Frage widmen zu können: Warum und wodurch werden Menschen kurzsichtig?

Dazu wäre es hilfreich, zunächst zu klären, wie viele und welche Art Menschen von Kurzsichtigkeit betroffen sind. Es gibt viele Kurzsichtige auf der Welt (nämlich bis zu 2,3 Milliarden), und die Wahrscheinlichkeit, einer von ihnen zu sein oder zu werden, hängt stark davon ab, in welchem Land man lebt. Relativ wenige Kurzsichtige scheint es in Südamerika (unter 10 Prozent), Afrika und Australien (je ca. 10–20 Prozent) und Indien (ca. 10 Prozent) zu geben, Westeuropa und die USA liegen mit etwa 10–30 Prozent im Mittelfeld, und in Japan, Taiwan, Südkorea und Singapur wird man als Schulkind vermutlich verspottet, wenn man keine Brille trägt, denn dort sind 50–80 Prozent aller Menschen kurzsichtig. Aber nicht nur das Land spielt eine wichtige Rolle: Amerikaner, die näher an der Küste leben, sind kurzsichtiger als Amerikaner im Landesinneren, Studenten kurzsichtiger als Hilfsarbeiter, Weiße kurzsichtiger als Schwarze, Stadtbewohner kurzsichtiger als Landbewohner.

Bis weit ins 20. Jahrhundert hinein war das Spielfeld etwas übersichtlicher: Kurzsichtigkeit galt als genetisch bedingt, kurzsichtige Eltern bekamen kurzsichtige Kinder, und die hohen Kurzsichtigkeitsraten bei bestimmten Bevölkerungsgruppen wurden als statistisches Kuriosum abgetan. Unter anderem weil der rapide Anstieg der Kurzsichtigkeitsraten in vielen asiatischen Ländern gegen eine genetische Ursache spricht, wird die Gen-Theorie heute meist in abgewandelter Form vertreten: Die Anlage zur Kurzsichtigkeit könnte erblich sein, während Umweltfaktoren über das Auftreten und den Verlauf der Erkrankung bestimmen.

Vieles spricht jedenfalls dafür, dass viel Arbeit im Nahbereich zu Kurzsichtigkeit führt: Je höher die Schulbildung, desto höher ist auch die Kurzsichtigkeitsrate, und bei Schülern schreitet die Kurzsichtigkeit in Zeiten intensiven Lernens schneller, in den Schulferien aber langsamer voran.

Nicht nur das Arbeits- und Freizeitverhalten steht im Verdacht, die Kurzsichtigkeit zu fördern, sondern auch Ernährungsweise, Stress und viele andere Faktoren. Akuter Stress kann zu Kurzsichtigkeit führen, wie eine nach einem Erdbeben durchgeführte Studie zeigt, und auch die Ernährung wird vielfach als Auslöser verdächtigt.

Lässt sich der Fortschritt der Kurzsichtigkeit abbremsen oder aufhalten? Viele ältere Studien deuten darauf hin, dass harte Kontaktlinsen helfen, eine neuere Studie konnte jedoch keinen Nutzen nachweisen. Dass weiche Kontaktlinsen nichts nutzen, gilt dagegen als sicher. Eventuell besteht ein Zusammenhang zwischen Sehstörungen und zu seltenem Blinzeln, und Kontaktlinsenträger blinzeln einfach mehr. Da man bei konzentriertem Arbeiten weniger blinzelt, ließe sich auch hier wieder ein Zusammenhang mit der Lebensweise konstruieren. Vielleicht fördern Kontaktlinsen aber auch die Durchblutung des Auges, und vielleicht hilft das.

Die Forschung schreitet unaufhaltsam fort und wird wahrscheinlich eines Tages ein vorbeugendes Mittel gegen die Kurzsichtigkeit hervorbringen. Hoffen wir, dass es sich dabei nicht um eine anstrengende Umstellung unserer Lebensgewohnheiten, sondern vielleicht um ein Computerspiel oder wenigstens ein Dragee mit Himbeergeschmack handelt.

UHR STOPPEN!

Tragen Sie Ihre benötigte Zeit unter VERSTÄNDNISTEST/PRAXIS IV bei «Zeit» ein. Nun schauen Sie bitte auf die nächste Seite und ermitteln Ihre Lesegeschwindigkeit in Wörtern pro Minute.

Ermittlung der Lesegeschwindigkeit (WpM):
KURZSICHTIGKEIT

0 – 1 Min.	1 – 2 Min.	2 – 3 Min.	3 – 4 Min.	4 – 5 Min.
Zeit WpM	1.00 – 722	2.00 – 361	3.00 – 241	4.00 – 181
	1.05 – 666	2.05 – 347	3.05 – 234	4.05 – 177
0.10 – 4.332	1.10 – 619	2.10 – 333	3.10 – 228	4.10 – 173
0.15 – 2.888	1.15 – 578	2.15 – 321	3.15 – 222	4.15 – 170
0.20 – 2.166	1.20 – 542	2.20 – 309	3.20 – 217	4.20 – 167
0.25 – 1.733	1.25 – 510	2.25 – 299	3.25 – 211	4.25 – 163
0.30 – 1.444	1.30 – 481	2.30 – 289	3.30 – 206	4.30 – 160
0.35 – 1.238	1.35 – 456	2.35 – 279	3.35 – 201	4.35 – 158
0.40 – 1.083	1.40 – 433	2.40 – 271	3.40 – 197	4.40 – 155
0.45 – 963	1.45 – 413	2.45 – 263	3.45 – 193	4.45 – 152
0.50 – 866	1.50 – 394	2.50 – 255	3.50 – 188	4.50 – 149
0.55 – 788	1.55 – 377	2.55 – 248	3.55 – 184	4.55 – 147
5 – 6 Min.	6 – 7 Min.	7 – 8 Min.	8 – 9 Min.	9 – 10 Min.
5.00 – 144	6.00 – 120	7.00 – 103	8.00 – 90	9.00 – 80
5.05 – 142	6.05 – 119	7.05 – 102	8.05 – 89	9.05 – 79
5.10 – 140	6.10 – 117	7.10 – 101	8.10 – 88	9.10 – 79
5.15 – 138	6.15 – 116	7.15 – 100	8.15 – 88	9.15 – 78
5.20 – 135	6.20 – 114	7.20 – 98	8.20 – 87	9.20 – 77
5.25 – 133	6.25 – 113	7.25 – 97	8.25 – 86	9.25 – 77
5.30 – 131	6.30 – 111	7.30 – 96	8.30 – 85	9.30 – 76
5.35 – 129	6.35 – 110	7.35 – 95	8.35 – 84	9.35 – 75
5.40 – 127	6.40 – 108	7.40 – 94	8.40 – 83	9.40 – 75
5.45 – 126	6.45 – 107	7.45 – 93	8.45 – 83	9.45 – 74
5.50 – 124	6.50 – 106	7.50 – 92	8.50 – 82	9.50 – 73
5.55 – 122	6.55 – 104	7.55 – 91	8.55 – 81	9.55 – 73

Tragen Sie Ihren Wert auf dem Ergebnisbogen unter **VERSTÄND-NISTEST/PRAXIS IV** bei «WpM» ein, *bevor* Sie zu den Fragen wechseln.

Fragebogen – Test IV – KURZSICHTIGKEIT

Bitte kreuzen Sie nur die Antworten an, die dem Text entsprechen

1. Was ist einem als Erwachsener erlaubt?
   a) Bei Temperaturen unter null Grad am nächsten Laternenpfahl zu lecken
   b) Schokocreme direkt aus dem Glas zu löffeln
   c) Ins Bett zu gehen, wann man will
   d) Den Fernseher anzulassen so lange, wie man will

2. Wie wird der Entstehungsprozess der Kurzsichtigkeit beschrieben?
   a) Die Sehzellen leiden unter Sauerstoffmangel
   b) Die Sehnerven werden zu schlecht durchblutet
   c) Der Augapfel gerät aus der Form und wird zu lang
   d) Im Text nicht erwähnt

3. Wie viele Menschen sind in Japan, Taiwan, Südkorea und
   Singapur kurzsichtig?
   a) 10 – 20 Prozent
   b) 20 – 30 Prozent
   c) 40 – 50 Prozent
   d) 50 – 80 Prozent

4. In welcher Region gibt es die wenigsten Kurzsichtigen?
   a) Südafrika
   b) Südeuropa
   c) Südamerika
   d) Mittlerer Osten

5. Was hat die These der genetischen Vererbung von Kurzsichtigkeit entkräftet?
   a) Langzeitstudien über nordamerikanische Büroangestellte
   b) Der Anstieg der Kurzsichtigkeitsraten in vielen asiatischen
   Ländern
   c) Die Entdeckung spiritueller Einflüsse auf die Entstehung
   von Kurzsichtigkeit
   d) Die Entschlüsselung des menschlichen Genoms

6. Wann schreitet die Kurzsichtigkeit langsamer voran?
   a) Am Wochenende
   b) In der Schwangerschaft
   c) Im Alter
   d) In den Schulferien

7. Was wird als möglicherweise erfolgreiches Mittel gegen Kurzsichtigkeit angeführt?
   a) Akupunktur
   b) Harte Kontaktlinsen
   c) Positives Denken oder Hypnose
   d) Spezialbrillen

8. Was wird über das Risiko bei einer operativen Behandlung von
   Kurzsichtigkeit ausgesagt?
   a) Das Risiko ist dank moderner Technologie sehr gering
   b) Das Risiko variiert stark in Abhängigkeit von der ärztlichen
      Kompetenz
   c) Es wird davor gewarnt, sich einem solchen Eingriff zu unter-
      ziehen
   d) Im Text nicht erwähnt

9. Welches Ereignis hat die Hypothese bekräftigt, dass Stress ein
   Auslöser von Kurzsichtigkeit sein kann?
   a) Ein Erdbeben
   b) Eine Welle von Massenentlassungen
   c) Eine Malaria-Epidemie
   d) Ein Zugunglück

10. Welcher bekannte Kurzsichtigkeitsforscher wird im Text
    erwähnt?
    a) Charles Gardès
    b) Santiago de Liniers
    c) Roger Constantin
    d) Im Text nicht erwähnt

**NUN BLÄTTERN SIE BITTE UM
UND ÜBERPRÜFEN IHRE ANTWORTEN**

Antwortblatt – Test IV – KURZSICHTIGKEIT

1. a)	6. d)
2. c)	7. b)
3. d)	8. d)
4. c)	9. a)
5. b)	10. d)

Tragen Sie den Prozentsatz der richtigen Antworten und die «Effective Reading Rate» (ERR) bitte auf dem Ergebnisbogen unter **VERSTÄNDNISTEST / PRAXIS IV** ein.

Haben Sie Ihre ERR schon verdoppelt? Mit etwas Selbstvertrauen, Zuversicht und Gelassenheit sollten Ihre Dynamik und Blicksicherheit dafür jetzt schon ausreichen. Falls Sie noch nicht so weit gekommen sind, fragen Sie sich, wo Sie noch Verbesserungspotenzial sehen. Denken Sie daran, dass wir nichts Außergewöhnliches von Ihnen verlangen: Unsere Techniken und Empfehlungen sind die «natürlichen» Gewohnheiten sehr guter Leser. Auch die neuere Leseforschung bestätigt, dass dies der richtige Weg ist – verfolgen Sie ihn! Der Veränderungsprozess dauert natürlich eine gewisse Weile, aber da Sie täglich lesen, können Sie ohne zusätzlichen Aufwand das Üben leicht in Ihre gewohnten Abläufe integrieren.

Schließen Sie diesen Praxisblock doch wieder mit einer aktiven Augenentspannung ab (siehe die Übung auf der nächsten Seite)!

Praxis IV – Augenentspannungsspiel

Wie oft kreuzen sich die Linien?

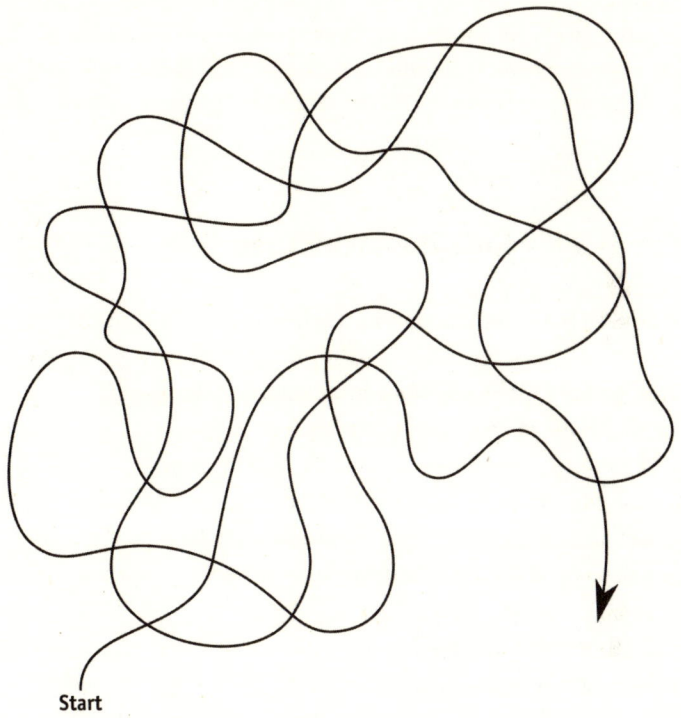

Start

Die Linien kreuzen sich 46-mal, stimmt's?

Weiteres Vorgehen

Und nun – Sie kennen das inzwischen – empfehlen wir Ihnen wieder einen Theorieteil. Dort werden wir uns mit Lesestrategien beschäftigen, die ebenfalls entscheidend zu einer erhöhten Leseeffektivität beitragen. Die «Vorausschau» ist dabei ein unentbehrlicher Faktor. Deshalb folgen Sie mir doch zunächst wieder bei meiner Auswahl von Überschriften und Satzteilen – und wie immer wäre das auch für die «Praktiker» günstig!

Praxis IV – Kurzübersicht Theorie V

Was man bei einer Vorausschau schon erkennen könnte:

Springen Sie nicht kopfüber in unbekannte Gewässer!
 Vorausschau spart Zeit und Kraft
– Nicht nur Leseeffizienz ... auch Leseeffektivität
– unbedingt immer alles lesen ...?
– bei allen Texten als Erstes eine Vorausschau
– lassen Sie dabei jede Seite auf sich wirken

 Flexible Lesestrategien
– Welchen Verständnisgrad benötige ich?
– ihre bestehenden («gründlichen») Lesetechniken halten sie für unentbehrlich

 Scanning (fokussierende Suche)
– nur einzelne Begriffe, Zahlen, Namen oder auch Antworten

 Skimming (Überfliegen)
– Gedanken auf die inhaltlichen Hauptlinien
– Ihre Augen erst einmal schneller sind als Ihr Denken

Paragraphing (Absatzspringen)
- üblicherweise jeder Absatz einen Kerngedanken
- Absätze generell hilfreiche Sinnsignale

«Alles ist wichtig!»
- 20 bis 30 % höheres Textverständnis keine Zauberei,
- nie durch ein einmaliges Lesen zu gewinnen
- bedeutet ja keineswegs, etwas auszulassen
- Kombiniere …
- von jetzt an bewusster, konsequenter und systematischer!

Und nun lesen Sie wirklich – auch die «Praktiker»!

Jetzt empfehle ich das vollständige Lesen des Kapitels V ab Seite 71, bis das Symbol  wieder erscheint. Wie Sie vielleicht schon wahrgenommen haben, erfahren Sie dort endlich Genaueres über die «Vorausschau», die Ihnen ja von der praktischen Seite her durchaus schon vertraut ist. Und im Anschluss daran winkt bereits der letzte Praxisteil …

FÜR «PRAKTIKER»: Der nächste Theorieteil enthält Tipps zu flexiblen Lesestrategien – Sie sollten ihn wirklich nicht auslassen! In diesem Thema liegt nämlich eine wichtige und notwendige Ergänzung zu den Blicktechniken, die wir hier im Praxisteil üben.

THEORIE V, SEITE 71

V Freuen Sie sich auf gute Ergebnisse – auch im Alltag!

Im Theoriekapitel V haben wir die grundsätzliche Funktion und Bedeutung der flexiblen Lesestrategien dargestellt:

1. Vor jedem Lesen ist eine **Vorausschau** unentbehrlich
2. Setzen Sie sich immer ein klares **Leseziel** und stellen Sie **Fragen an den Text**
3. Passen Sie die Lesestrategie dem **Leseziel** an:
   - ggf. mehrstufig und vertiefend lesen
   - ggf. großzügig vorgehen, nur auf Kernbotschaften ausgerichtet

… und die richtigen Blickprozesse gehören immer dazu – warum noch Lesefehler machen?

Weiteres Vorgehen

Starten Sie in diesen Praxisblock mit zwei Übungen, in denen Sie die flexiblen Lesestrategien anwenden. Im Theoriekapitel V konnten Sie sie schon kennenlernen: «Scanning» und «Skimming». Hier werden sie jeweils noch einmal kurz erklärt, bevor Sie mit der Übung beginnen.

Praxis V – Übungen:
«Scanning» und «Skimming»

Scanning – die Augen auf Suchfunktion programmieren

«Scanning» bzw. «Fokussierende Suche» bedeutet: Sie suchen einen Text ausschließlich nach einer ganz bestimmten Information ab, sei es eine Zahl, ein Wort oder auch eine Aussage. Klassisches Beispiel: eine Telefonnummer. Um sie herauszufinden, lesen Sie auch nicht das ganze Telefonbuch.

An dieser Stelle besteht Ihre Aufgabe darin, auf einer bestimmten Seite unseres Buchs möglichst schnell bestimmte Wörter «herauszufischen». Stellen Sie sie sich zunächst vor, wie sie geschrieben aussehen. Dann gehen Sie auf die angegebene Seite des Buchs, starten die Uhr und versuchen, die jeweilige Wortkombination so schnell wie möglich zu finden. Fangen Sie aber bitte nicht an zu lesen: Schauen Sie vielmehr entspannt auf die gesamte Seite oder arbeiten Sie sich in Blöcken oder «slalomartig» vor. Lassen Sie einfach zu, dass die Augen von diesen Wörtern angezogen werden. Wenn das geschehen ist, schauen Sie zur Uhr und lesen Ihre Zeit ab.

UND HIER DIE AUFGABE: Suchen Sie bitte auf der Seite 106, Teil VI, dieses Buches die Wörter: «Unterstreichen beim Lesen».

Versuchen Sie es noch einmal auf der Seite 95, Teil VI, mit den Wörtern: «Einzelgedanken des Autors».

Führen Sie diese Übung vielleicht auch auf weiteren Seiten durch, indem Sie sich von einer anderen Person entsprechende Wörter/Wortgruppen ansagen lassen. Sie werden feststellen, dass Sie im Durchschnitt nicht länger als 5–10 Sekunden pro Seite benötigen, bis Sie die gesuchte Information gefunden haben. Bei einer dichtbeschriebenen Seite mit 250 Wörtern wäre das eine Verarbeitungsgeschwindigkeit von 1500 bis 3000 Wör-

tern pro Minute. Natürlich kann dies nicht als «Lesegeschwindigkeit» bezeichnet werden, aber es ist ein Tempo, mit dem Sie
aus Texten gezielt Antworten entnehmen können.

Wenn Sie von einem Text mehr wissen wollen als nur ausge-
wählte Fakten, bietet sich vielleicht das «Skimming» an. Zum
Üben dieser Technik die folgende Empfehlung:

Skimming – den Augen Beine machen!

Beim «Skimmen» interessieren Sie sich ja nur für die Hauptgedanken eines Textes, und diese können bzw. sollen Sie sogar mit
einem höheren Tempo aufnehmen als bei einem normalen Leseprozess. Mit einem schon bekannten Text können Sie eher loslassen und Ihr Vertrauen in das Aufnahmevermögen bei hohem
Tempo ausbauen. Das Aufnehmen hat hierbei natürlich keinen
Neuigkeitswert, sondern sollte Ihre Erinnerung aktivieren. Die
Blickstopps müssen dabei ausreichen, um dem Gehirn einen
Reiz für die Wiedererkennung zu ermöglichen. Nehmen Sie sich
daher der Übung halber noch einmal **Kapitel I des Theorieteils**
vor (ohne die Kästen), und «skimmen» Sie ihn mehrmals in unterschiedlicher Form, jeweils mit anspruchsvollen Tempozielen.
Maßstab für die Temposteigerung ist Ihr im letzten Verständ-
nistest erreichter WpM-Wert (siehe Ergebnisbogen **PRAXIS IV**).
Wir schlagen Ihnen dafür ein mehrstufiges Vorgehen vor:

1. mechanische Blicksprünge   2-facher WpM-Wert
2. mit Hilfsmittel zum Regressionsabbau 1,5-facher WpM-Wert
3. freie Sinngruppen-Fixierung   1,5-facher WpM-Wert

Mit einer Stoppuhr messen Sie, wie lange Sie für den jeweiligen
Durchgang benötigen. Ihren WpM-Wert entnehmen Sie bitte
der Tabelle auf der folgenden Seite und vergleichen ihn mit Ihrem jeweiligen Ziel (s. Tabellenseite unten).
ZU 1.: Springen Sie zunächst *im Höchsttempo* mechanisch
durch jede Zeile des kompletten Kapitels (nichts auslassen!) –

ohne sich durch den Anspruch bremsen zu lassen, den Text verstehen zu wollen. (Wahrscheinlich wundern Sie sich hinterher, was Sie trotzdem alles wahrgenommen haben ...) Bei diesem Taschenbuch mit gut neun Zentimeter Zeilenbreite wären zwei Fixierungen je Zeile optimal. Eine gewisse Rhythmik hilft Ihnen dabei, Ihr volles Geschwindigkeitspotenzial auszureizen. Wenn Sie an das «Pingpongspiel» denken, dürfte die angestrebte Verdoppelung der Geschwindigkeit kein Problem darstellen!

ZU 2.: Als Nächstes gehen Sie mit einem Hilfsmittel durch denselben Text (weiterhin ohne «richtig» zu lesen). Im ProRead-Kurs arbeiten wir mit einem speziellen Gerät, das zur Vorwärtsorientierung und zu einer sehr hohen, genau auf das individuelle Niveau abgestimmten Geschwindigkeit «zwingt». Ein wenig von diesem Effekt können Sie erreichen, wenn Sie die Rückseite Ihres Ergebnisbogens von oben nach unten zügig über die Zeilen bewegen. Wenn Sie beginnen, sollte die untere Kante des Bogens unmittelbar über der ersten Textzeile gehalten und dann in gleichmäßigem Tempo nach unten geführt werden. Nehmen Sie sich die 1,5-fache Lesegeschwindigkeit vor und vergleichen Sie Ihr Ergebnis anhand der Tabelle mit Ihrem Ziel.

ZU 3.: Jetzt «skimmen» Sie den Text noch einmal richtig und ohne Hilfsmittel! Weil Sie ihn nun schon recht gut kennen, steigt Ihr Vertrauen in Ihre Fähigkeit, automatisch zu «chunken» – und damit auch Ihr Verständnis für die Hauptgedanken. Sie sehen nicht bloß Satzfetzen, lassen auch keine Zeilen aus, sondern Sie nehmen (vom Schriftbild her) alles wahr und konzentrieren sich (inhaltlich) nur auf das Wesentliche. Ihre Augen «überholen» Ihr Gehirn, aber ohne es abzuhängen. Ihr Ziel: gleicher Wert wie in der letzten Übung.

Ermittlung der Lesegeschwindigkeit (WpM): THEORIE, KAP. I

0 – 1 Min.	1 – 2 Min.	2 – 3 Min.	3 – 4 Min.	4 – 5 Min.
Zeit WpM	1.00 – 2.086	2.00 – 1.043	3.00 – 695	4.00 – 522
	1.05 – 1.926	2.05 – 1.001	3.05 – 677	4.05 – 511
0.10 – 12.516	1.10 – 1.788	2.10 – 963	3.10 – 659	4.10 – 501
0.15 – 8.344	1.15 – 1.669	2.15 – 927	3.15 – 642	4.15 – 491
0.20 – 6.258	1.20 – 1.565	2.20 – 894	3.20 – 626	4.20 – 481
0.25 – 5.006	1.25 – 1.472	2.25 – 863	3.25 – 611	4.25 – 472
0.30 – 4.172	1.30 – 1.391	2.30 – 834	3.30 – 596	4.30 – 464
0.35 – 3.576	1.35 – 1.317	2.35 – 807	3.35 – 582	4.35 – 455
0.40 – 3.129	1.40 – 1.252	2.40 – 782	3.40 – 569	4.40 – 447
0.45 – 2.781	1.45 – 1.192	2.45 – 759	3.45 – 556	4.45 – 439
0.50 – 2.503	1.50 – 1.138	2.50 – 736	3.50 – 544	4.50 – 432
0.55 – 2.276	1.55 – 1.088	2.55 – 715	3.55 – 533	4.55 – 424

5 – 6 Min.	6 – 7 Min.	7 – 8 Min.	8 – 9 Min.	9 – 10 Min.
5.00 – 417	6.00 – 348	7.00 – 298	8.00 – 261	9.00 – 232
5.05 – 410	6.05 – 343	7.05 – 294	8.05 – 258	9.05 – 230
5.10 – 404	6.10 – 338	7.10 – 291	8.10 – 255	9.10 – 228
5.15 – 397	6.15 – 334	7.15 – 288	8.15 – 253	9.15 – 226
5.20 – 391	6.20 – 329	7.20 – 284	8.20 – 250	9.20 – 224
5.25 – 385	6.25 – 325	7.25 – 281	8.25 – 248	9.25 – 222
5.30 – 379	6.30 – 321	7.30 – 278	8.30 – 245	9.30 – 220
5.35 – 374	6.35 – 317	7.35 – 275	8.35 – 243	9.35 – 218
5.40 – 368	6.40 – 313	7.40 – 272	8.40 – 241	9.40 – 216
5.45 – 363	6.45 – 309	7.45 – 269	8.45 – 238	9.45 – 214
5.50 – 358	6.50 – 305	7.50 – 266	8.50 – 236	9.50 – 212
5.55 – 353	6.55 – 302	7.55 – 263.	8.55 – 234	9.55 – 210

Ihr Lesetempo im Verständnistest IV: …… WpM

Ihre Zielsetzung für den 1. Durchgang (WpM x 2):   …… WpM

Ihre Zielsetzung für den 2. Durchgang (WpM x 1,5): …… WpM

Ihre Zielsetzung für den 3. Durchgang (WpM x 1,5): …… WpM

Nach dieser Übung mit einem bekannten Text trauen Sie sich doch einmal zu, das erreichte Geschwindigkeitsniveau auf Zeitungsartikel und einfache Texte zu übertragen. Verschaffen Sie sich täglich einen solchen «Temporuck»! Eine computergestützte Hilfestellung für dynamischere Fixierungsprozesse finden Sie auf unserer Website unter: www.improved-reading.de

Eine Übung zum Paragraphing möchten wir Ihnen am Ende dieses Praxisblocks empfehlen. Dort erhalten Sie eine Anleitung, wie Sie diese Strategie nutzen können, um das Theoriekapitel VI schon einmal in groben Zügen wahrzunehmen.

Praxis V – Sinngruppenübungen (optional)

Aus unseren Kursen wissen wir, dass ein weiterer Durchgang mit den Sinngruppenübungen keine große Begeisterung hervorruft – obwohl die Wiederholungen sehr nützlich sind, gerade bei bekannten Texten. Denn dort ist es am besten möglich, durch das Einüben neuer Routinen die alten zu «tilgen», weil der Inhalt keine Aufmerksamkeit mehr fordert. Ich empfehle Ihnen also: Gehen Sie «freiwillig» zurück zu Kapitel II auf Seite 144, und trainieren Sie doch noch einmal das «innere Loslassen» des Blicks, die Vorwärtsorientierung und die wirklich schnellstmögliche Fixierung von Sinngruppen.

Falls Sie sich noch ein weiteres Mal zu dieser Übung motivieren können: Auf dem Ergebnisbogen befindet sich auch eine Zeile für diese Werte (unter **SINNGRUPPENÜBUNGEN / PRAXIS V** bei «Übung 1», «Übung 2» usw.).

Kommen Sie anschließend hierher zurück und lesen Sie den Text im folgenden Kasten.

Praxis V – Freies Lesen

Weiteres Vorgehen

Zu Beginn haben Sie – ohne spezielle Vorgabe – einen Textausschnitt über «Stressabbau durch Lesekompetenz» gelesen, um Ihre Lesegeschwindigkeit zu ermitteln. Wenn Sie alle (oder viele) Übungen in diesem Buch konsequent durchgeführt haben, möchten Sie wahrscheinlich wissen, ob sich Ihre Lesegeschwindigkeit bei einer ähnlichen Aufgabenstellung verändert hat. Deshalb erhalten Sie jetzt die Möglichkeit zu einem Vergleich bei einem zweiten «Freien Lesen».

Der folgende Text ist von derselben Autorin zu dem gleichen Thema verfasst. Er ist nicht ganz so sachlich angelegt, aber durchaus vergleichbar im Schwierigkeitsgrad. Auch diesmal werden anschließend keine Fragen gestellt. Wichtig ist nur, dass Sie die neuen Techniken hier einsetzen, damit Sie erkennen können, ob und wie sich die neuen Erfahrungen auf Ihre Lesegeschwindigkeit auswirken.

Beginnen Sie mit einer Vorausschau über den gesamten Text. Es sind ca. drei Seiten, und Sie sollten ca. fünf bis sieben Sekunden pro Seite darauf verwenden, einen ersten Eindruck vom Inhalt zu erhalten. Der Blick auf Schreibstil und Schwierigkeitsgrad des Themas hilft Ihnen bei der Entscheidung, mit welcher Geschwindigkeit Sie diesen Text lesen wollen. Natürlich wirkt sich Ihr Interesse an dem Inhalt auch auf das geeignete Tempo aus.

Nach der Vorausschau beginnt das eigentliche Lesen, für das Sie wieder die Zeit stoppen. Die Wörter pro Minute ermitteln Sie bitte in der zugehörigen Tabelle und tragen sie im Ergebnisbogen oben unter **FREIES LESEN / PRAXIS V** ein.

Stressfaktoren – und wie man ihnen begegnet

Der Mensch verfügt über bestimmte Grundfertigkeiten, darunter fällt die Fähigkeit zu essen, sich zu bewegen, zu schlafen und zu denken. Wann immer wir können, versuchen wir, diese Fähigkeiten zu optimieren. Dafür stehen uns unzählige Ratgeber zur Verfügung. Im Grunde genommen müssen wir dafür noch nicht einmal Geld ausgeben, denn die Essenz der vielen guten Bücher findet sich irgendwann auch in dem kostenlosen Apothekenblättchen und der *Bäckerblume*. Wer regelmäßig eine Tageszeitung liest, kann sogar die allerneuesten Forschungsergebnisse auf sich beziehen, denn die Wissenschaftsseiten, gut und verständlich geschrieben, werden immer umfangreicher. Die meisten Experimente werden zwar noch an Schweinen, Hamstern und Mäusen vorgenommen, aber – das haben wir ja schon gelernt – nach ein paar Jahren gelten viele der Ergebnisse auch für uns Menschen. Eigenartigerweise nehmen die Versuche an Hamstern ab. Vielleicht ist uns dieser Vergleich nicht so sympathisch, weil seine Lebenslaufbedingungen (das vielzitierte Hamsterrad!) den unseren zu ähnlich sind.

Dank der ausufernden Flut an Ratgeberliteratur dürfen wir uns für Erfolg und Misserfolg in unserem Leben nunmehr vollends selbst verantwortlich fühlen. «Jeder ist seines Glückes Schmied» – noch nie hatte diese Losung eine derart existenzielle Bedeutung wie heute. So wissen wir zum Beispiel: Nur durch einen guten Schlaf kann sich das Gelernte verfestigen! Wenn das Gedächtnis uns im Stich lässt – liegt das vielleicht daran, dass wir nicht ausreichend für Tiefschlafphasen gesorgt haben? Wie stellt man das nur fest? Haben wir abends zu spät gegessen oder zu lange Fernsehen geguckt, sodass der Körper nicht zur Ruhe kommen konnte? Vielleicht war aber auch das Schnarchen schuld, denn raubt es dem Gehirn nicht Sauerstoff? Dann kann es schließlich nichts werden mit dem Denken! Auch beim Thema Schnarchen lassen wir uns nur allzu leicht bei der Verantwortung packen: Man muss doch etwas dagegen tun können! Tipps gibt es viele, so lässt sich Schnarchen z. B. angeblich vermeiden, indem man lernt, Didgeridoo zu spielen. Dieses zwei Meter lange, röhrenförmige Blasinstrument der australischen Ureinwohner kräftigt perfekt die Gaumenmuskulatur und das Zäpfchen im Rachen. Außerdem ist es ein hübscher Schmuck, wenn es an der Wand hängt – kein Problem, es einmal aus dem Urlaub mitzubringen.

Und wie sieht es mit Ihrer Bewegung aus? Auch sie soll für das Denken unerlässlich sein; und erst recht natürlich für einen gesunden und attraktiven Körper, den wir gefälligst überall vorzuzeigen haben, einerlei, ob wir wollen oder nicht. Es würde Seiten füllen aufzuzählen, warum es wichtig ist, sich zu bewegen. Was können wir also tun? Wir beginnen den Tag mit 45 Liegestützen und Tai-Chi-Übungen und verzichten im Übrigen konsequent auf den überflüssigen Luxus elektrischer Fahrstühle und -treppen. Die Tagesschau verfolgen wir im Stehen, denn zu viel Sitzen soll ja auch nicht gut sein; außerdem haben wir uns Nordic-Walking-Stöcke gekauft. Diese Sportart soll ja ideal sein: Man kann sie überall und bei jedem Wetter ausüben, allein oder zu mehreren, und vor allem kann man ganz spontan sagen: Jetzt gehe ich los! Die Erfolge sollen überwältigend sein. Allerdings muss man dafür auch **wirklich** losgehen … – und schon hat man wieder einen Anlass für ein schlechtes Gewissen.

Leider wechseln die jeweiligen Empfehlungen sehr häufig, was die Aufgabe der permanenten Selbstverbesserung nicht gerade erleichtert. Flexibilität ist gefragt! Ob Butter nun gut oder schlecht ist, wenn man abnehmen möchte, darüber machen unterschiedliche Autoritäten unterschiedliche Aussagen. Körperfett lässt sich angeblich auch mit einem gesunden Trinkverhalten bekämpfen, denn die Flüssigkeit schwemmt die Gifte aus – so verdient der Speck auf den Hüften wenigstens das Prädikat «ökologisch wertvoll». Ausreichendes und regelmäßiges Trinken verhilft übrigens auch dem Gehirn zu besserer Denkleistung. Aber spätestens nach dem zweiten Liter labberigen Kräutertees haben viele einfach keine Lust mehr. Mineralwasser bietet auch nicht immer das perfekte alternative Geschmackserlebnis. Eine anständige Flasche Saft wiederum verdirbt unsere Ernährungsbilanz, einerlei, ob wir Punkte, Kalorien oder Glyxe zählen! Was bleibt, ist ein schlechtes Gewissen.

Die neuesten Erkenntnisse der Hirnforschung liefern uns nun auch endlich unanfechtbare Antworten auf die drängenden Fragen der richtigen Erziehung und Förderung unserer Kinder: Wehe, wenn Sie Ihren Sprössling nicht vor dem Kindergarten schon mit Mozart und Shakespeare vertraut machen – wie wird er sich dann später im dreisprachigen Gymnasium mit Sportbetonung blamieren! Die Eltern sollten sich nicht wundern, wenn ihre Kinder sie später mit den entsprechenden Vorwürfen konfrontieren. Schließlich werden sich die lieben Kleinen, sobald sie lesen können, die entsprechenden Forschungsergebnisse von Harvard aus dem Internet herunterladen und die Eltern auf ihre Versäumnisse hinweisen. «Herrschaftswissen» war gestern!

Schneller, höher, weiter – so hieß in der Antike das olympische Motto. Heute können wir es ergänzen durch: gesünder, schlanker, sprachgewandter oder einfach: **optimaler!** Eigentlich lässt sich das Wort «optimal» gar nicht mehr steigern, aber darauf kommt es schon längst nicht mehr an. Die neue Verbesserungswut lässt uns gar keine andere Wahl. Die herkömmliche Grammatik kann unseren Fortschritt einfach nicht mehr angemessen ausdrücken. Optimal waren wir schließlich gestern schon – morgen sind wir optimaler! Was für ein Stress! Seien Sie ehrlich: Produzieren die guten Ratschläge und Vorschriften, wie Sie besser leben sollen, bei Ihnen auch manchmal Atemnot? Und nun sollen Sie auch noch effizienter lesen ... – damit Sie in Zukunft jeden Monat zehn weitere Ratgeberbücher verschlingen können und stets auf der Höhe der jeweils aktuellen Empfehlungen bleiben? Oder fällt Ihnen noch etwas anderes ein? Vielleicht nutzen Sie die neugewonnene Freizeit, um einfach mal die Seele baumeln zu lassen und – ganz ohne schlechtes Gewissen – den einen oder anderen Abend mit Chips und Bier vor dem Fernseher zu verbringen ...

UHR STOPPEN!

Lesen Sie jetzt Ihre benötigte Zeit ab und ermitteln Sie mit Hilfe der Tabelle auf der folgenden Seite Ihre Lesegeschwindigkeit in Wörtern pro Minute (WpM).

Ermittlung der Lesegeschwindigkeit (WpM): STRESSFAKTOREN

0 – 1 Min.	1 – 2 Min.	2 – 3 Min.	3 – 4 Min.	4 – 5 Min.
Zeit WpM	1.00 – 886	2.00 – 443	3.00 – 295	4.00 – 222
	1.05 – 818	2.05 – 425	3.05 – 287	4.05 – 217
0.10 – 5.316	1.10 – 759	2.10 – 409	3.10 – 280	4.10 – 213
0.15 – 3.544	1.15 – 709	2.15 – 394	3.15 – 273	4.15 – 208
0.20 – 2.658	1.20 – 665	2.20 – 380	3.20 – 266	4.20 – 204
0.25 – 2.126	1.25 – 625	2.25 – 367	3.25 – 259	4.25 – 201
0.30 – 1.772	1.30 – 591	2.30 – 354	3.30 – 253	4.30 – 197
0.35 – 1.519	1.35 – 560	2.35 – 343	3.35 – 247	4.35 – 193
0.40 – 1.329	1.40 – 532	2.40 – 332	3.40 – 242	4.40 – 190
0.45 – 1.181	1.45 – 506	2.45 – 322	3.45 – 236	4.45 – 187
0.50 – 1.063	1.50 – 483	2.50 – 313	3.50 – 231	4.50 – 183
0.55 – 967	1.55 – 462	2.55 – 304	3.55 – 226	4.55 – 180
5 – 6 Min.	**6 – 7 Min.**	**7 – 8 Min.**	**8 – 9 Min.**	**9 – 10 Min.**
5.00 – 177	6.00 – 148	7.00 – 127	8.00 – 111	9.00 – 98
5.05 – 174	6.05 – 146	7.05 – 125	8.05 – 110	9.05 – 98
5.10 – 171	6.10 – 144	7.10 – 124	8.10 – 108	9.10 – 97
5.15 – 169	6.15 – 142	7.15 – 122	8.15 – 107	9.15 – 96
5.20 – 166	6.20 – 140	7.20 – 121	8.20 – 106	9.20 – 95
5.25 – 164	6.25 – 138	7.25 – 119	8.25 – 105	9.25 – 94
5.30 – 161	6.30 – 136	7.30 – 118	8.30 – 104	9.30 – 93
5.35 – 159	6.35 – 135	7.35 – 117	8.35 – 103	9.35 – 92
5.40 – 156	6.40 – 133	7.40 – 116	8.40 – 102	9.40 – 92
5.45 – 154	6.45 – 131	7.45 – 114	8.45 – 101	9.45 – 91
5.50 – 152	6.50 – 130	7.50 – 113	8.50 – 100	9.50 – 90
5.55 – 150	6.55 – 128	7.55 – 112	8.55 – 99	9.55 – 89

Tragen Sie Ihren Wert auf dem Ergebnisbogen unter **FREIES LESEN / PRAXIS V** bei «WpM» ein.

Vergleichen Sie doch jetzt die beiden Werte des Freien Lesens einmal miteinander. Erfahrungsgemäß wird am Ende des Kurses bei diesem Vergleich meistens mehr als eine Verdoppelung der Geschwindigkeit ohne subjektiv empfundene Verständniseinbuße erzielt. Haben Sie dieses Ergebnis auch schon erreicht? Vielleicht verzeichnen Sie bereits eine Erhöhung der Geschwindigkeit, aber empfinden noch eine gewisse Unsicherheit des Lesegefühls. Nach so kurzer Übungszeit wäre das kaum anders zu erwarten. Aber die Sicherheit steigt mit der Übung (z. B. täglich zwei Minuten lang «skimmen»).

Jetzt holen Sie sich auf den folgenden Seiten bei den Augenübungen den Schwung für den letzten Verständnistest!

Praxis V – Augenübungen

Wenn Sie in den bisherigen Augenübungen die Zielzeiten bereits erreicht haben, dann arbeiten Sie doch jetzt daran, besser zu werden und Fehler abzubauen! Gehen Sie entspannt und mit einer gewissen Rhythmik vor. Mit den neuen Techniken werden Sie automatisch schneller, ohne dass Sie hetzen müssen. Zur Erinnerung: Vorwärtsorientierung, Reduzierung des Mithörens sowie – hier besonders wichtig! – jeweils nur eine Fixierung für ein längeres Wort oder eine Wortgruppe.

Was Sie zusätzlich motivieren könnte ...

Das Grundprinzip unserer Augenübungen wird durch Erkenntnisse der Gehirnforschung bestätigt, die auch in das später entwickelte «Gehirnjogging» eingeflossen sind: Einfache Aufgaben werden in maximaler Geschwindigkeit durchgeführt, um Konzentration und geistige Leistungsfähigkeit zu trainieren («mentale Aktivierung»). Erst aus der Temposteigerung ergibt sich der Trainingseffekt – übrigens auch bei der Übung zum «Skimming», die sich gleichfalls nicht nur als Lesetraining, sondern auch als tägliche Konzentrationsübung eignet.

Mit diesem Wissen sind die Zeitziele bestimmt kein Problem mehr für Sie – auch wenn die Übung selbst noch einmal etwas schwieriger wird. Tragen Sie Ihre Werte wieder auf dem Ergebnisbogen ein (bei: **AUGENÜBUNGEN / PRAXIS V**).

Praxis V – Augenübung – WÖRTER

angrenzend	auf dem Land	angrenzend	benebelt	symbolisch
Wasserkocher	Wasserkocher	in der Küche	Wasserkocher	geringfügig
Wasser kocht	funkensprühend	Wasser kocht	Lagerfeuer	Wasser kocht
dreidimensional	überdimensional	zweidimensional	dritte Dimension	ohne Sinn und Zweck
im siebten Himmel	im vierten Stock	im Kellergeschoss	Himmel und Erde	im siebten Himmel
Funktionsbezeichnung	Funktionsbezeichnung	Bleistiftzeichnung	mit einem Mal	hohe Auszeichnung
leicht und locker	Beichtstuhlhocker	ins Meer hinaus	leicht und locker	Haifischhöhle
dann und wann	hier und jetzt	tarnen und warnen	Damen und Herren	Kirschblütenfest
gepresste Zitrone	hochachtungsvoll	gepresste Zitrone	gepresste Zitrone	Kurzfilmfestival
Zwanglosigkeit	sang- und klanglos	Zwanglosigkeit	Rammdösigkeit	brandmarken
Frischluftzufuhr	immer und überall	kalt und warm	Hochnäsigkeit	Rückversicherung
Rang und Namen	Rang und Namen	Schall und Rauch	bang und verzagt	Rang und Namen
abrechnungstechnisch	heute Nachmittag	in aller Welt	abrechnungstechnisch	allgemeinverständlich
zu keiner Zeit	Zähneklappern	Allzeithoch	in dieser Gegend	zu keiner Zeit
sicherheitsorientiert	sicherheitsorientiert	sicher und schnell	bald mal wieder	Höhen und Tiefen
endlich geschafft	froh und glücklich	Abendgarderobe	hin und weg	jetzt oder nie

3488	2209	3488	3449	4481
4037	6072	3774	5520	4037
1479	1479	1439	1479	7390
5582	7339	3228	6767	0559
8322	8399	7744	2455	7742
6337	3320	6337	6097	1146
5317	1190	2184	5317	5317
2574	2574	3221	2522	9784
7385	3445	7214	9945	7939
1024	1055	0024	6211	1024
3343	4121	3343	3343	8334
9027	9027	2106	8422	9069
6059	4343	6011	7171	6059
3982	3982	3982	2903	3955
8812	2121	3499	8812	8777
2008	3812	9432	0122	4411

Praxis V – Augenübung – BUCHSTABEN

kcrs	kcrs	dreä	qirx	kcuu
öasl	öasl	unsl	övbg	öasl
ixiu	äfld	ixiu	udfl	ixpp
cvül	wxgg	cväq	ercp	cyyl
wqüb	wqld	rgrs	wqüb	pfpe
pwwy	erxx	dfyd	pwwy	pwwy
xvvc	xvvc	xvvc	dfer	xyze
errw	eröö	pnmd	erxg	dger
nmbs	utyg	nmvb	dert	nmbs
rsvg	qwxc	rsvg	perx	llkd
prge	sers	qque	prga	eryd
ollx	brtk	rmtt	ollx	pclx
uujk	uuja	urax	urog	utig
arty	arty	qvio	arty	äcby
opür	osür	prop	xbbn	opür
bldn	wrzd	bldn	dipr	ugxl

Ameisenbär	Anfangsschwierigkeit	Stachelschwein	Vorankündigung	Rahmenbedingungen
Chrysantheme	Mondoberfläche	Videoaufnahme	Alpenveilchen	Herbstaster
Schuhgröße	Taillenweite	Rastermikroskope	Wasseroberfläche	Prachtexemplar
Transportfahrzeug	erstaunlicherweise	Psychotherapie	Vereinsmitglied	zusammenfügen
Steuerberater	Sprachverständnis	Mangelerscheinung	Bankangestellter	Preisabsprache
Schlüsselbeinbruch	Raumfahrtbehörde	Mittelhandknochenfraktur	Erdumlaufbahn	Pfeffer und Salz
Nachlassverwalter	Wachstumskurve	Gemeindezentrum	Entwicklungshilfe	Testamentsvollstrecker
Reiserücktrittsversicherung	Haftpflichtversicherung	Bildungsgutschein	Lebensversicherung	Bruttosozialprodukt
Hammerwerfer	Lebenserwartung	Stabhochspringer	Leihbücherei	Unternehmenswert
Telefonanschluss	Aktienunternehmen	Selbstverwirklichung	Flugzeugbauer	Goldschmiedekunst
Schreibtischauflage	Adventskalender	Opernaufführung	Bankkassiererin	Briefmarkenautomat
Gänseleberpastete	Vorstandsetage	Haifischflossensuppe	Morchelrahmsuppe	Managergehälter
Einzelhandelskaufmann	Gemeindeverwaltung	Aufstiegschancen	Priesterseminar	Lebensarbeitszeit
Rahmschmorbraten	Rinderroulade	Risikomanagement	Überwachungskamera	Weltverbesserer
Geisteswissenschaftler	Branchenfernsprechbuch	Ladenöffnungszeiten	Besprechungszimmer	Soziologiestudent
Bedienungsanleitung	Benutzerhandbuch	Einzelpersonen	Kraftfahrzeugsteuer	Unterhaltsverpflichtung

Unsere Lösungen: **Ameisenbär**/Stachelschwein, **Chrysantheme**/Alpenveilchen/ Herbstaster, **Schuhgröße**/Taillenweite, **Transportfahrzeug**/(nichts), **Steuerberater**/ Bankangestellter, **Schlüsselbeinbruch**/Mittelhandknochenfraktur, **Nachlassverwalter**/Testamentsvollstrecker, **Reiserücktrittsversicherung**/Haftpflichtversicherung/ Lebensversicherung, **Hammerwerfer**/Stabhochspringer, **Telefonanschluss**/(nichts), **Schreibtischauflage**/(nichts), **Gänseleberpastete**/Haifischflossensuppe/Morchelrahmsuppe, **Einzelhandelskaufmann**/(nichts), **Rahmschmorbraten**/Rinderroulade, **Geisteswissenschaftler**/Soziologiestudent, **Bedienungsanleitung**/Benutzerhandbuch

Kommentar zu den Ergebnissen der Augenübungen

Haben Sie festgestellt, dass die Fehler weiter zurückgegangen sind – trotz des hohen Tempos? Das überrascht nicht, und es ist ein weiterer Beweis dafür, dass wir dem Zusammenspiel von Augen und Gehirn mehr zutrauen können, als wir meinen. Die erhöhte Schnelligkeit in der Erfassung von Wörtern, Symbolen und Bedeutungen wirkt sich während des Leseprozesses günstig auf das Verständnis aus. Diesen Effekt werden Sie sicher bald bei sich feststellen.

Weiteres Vorgehen

Bevor Sie den letzten Verständnistest lesen, testen Sie doch einmal selbständig unsere Empfehlung, vor jedem Leseprozess eine Vorausschau durchzuführen. Versuchen Sie, pro Seite nur fünf bis sieben Sekunden dafür aufzuwenden. In dieser Zeit lassen Sie die Augen entspannt über die Seiten gleiten und verschaffen sich lediglich einen Eindruck von dem Inhalt, der Struktur und dem Schreibstil. Dann stellen Sie einige gezielte Fragen an den Text, damit das Lesen strukturierter wird, und entscheiden sich für ein Tempo, bei dem Sie sich ein gutes Verständnis zutrauen: Etwa 80 % der Antworten sollten richtig sein. Setzen Sie auf jeden Fall die neuen Techniken ein, aber wählen Sie eine Blickdynamik, bei der Sie sich sicher fühlen.

Ein letztes Mal möchte ich Ihnen die entscheidenden Faktoren für effizientes Lesen in Erinnerung rufen:

1. Entspannen Sie Ihren *Blickfokus*! Beschränken Sie sich nicht länger durch den «Schlüsselloch-Blick» auf das Fixieren einzelner Wörter. Nutzen Sie die physische Möglichkeit, automatisch mehrere zusammenhängende Wörter zugleich zu erfassen.

2. *Vorwärtsorientierung:* Lassen Sie sich von Ihrem Interesse nach vorn ziehen (statt sich durch ängstliches Zurückspringen zu behindern).

3. Suchen Sie aktiv nach *Sinnsignalen,* z. B. Substantiven und längeren Wörtern (kein pflichtschuldiges «Abarbeiten» der gedruckten Symbole).

4. Ihr Lesefortschritt ist wesentlich eine Frage des *Vertrauens:* zu sich und den neuen Lesetechniken. Lenken Sie sich nicht durch skeptische Selbstbeobachtung ab. Setzen Sie einfach nur die Gewohnheiten aller guten Leser auch bei sich selbst um!

Praxis V – Verständnistest

Der einzige Unterschied zu dem bisherigen Vorgehen besteht in einer Vorausschau über den Test, die Sie hier bitte als Erstes vornehmen (5–7 Sek. pro Seite). Dann ist alles wie gewohnt, aber Sie können sich auf Seite 120 noch einmal vergewissern.

Und jetzt los mit dem fünften Verständnistest!

TRINKGELD
von Katrin Passig/Aleks Scholz
aus: Lexikon des Unwissens

BITTE DIESE SEITE ERST UMBLÄTTERN, WENN SIE DIE STOPPUHR GESTARTET HABEN

Trinkgeld

Millionen von Hobbyforschern beschäftigen sich regelmäßig nach dem Essen mit der Frage, wie viel Trinkgeld für den Kellner angemessen ist. Insgesamt einigen sie sich allein in den USA auf mehr als 20 Milliarden Dollar pro Jahr. Warum sie überhaupt mehr zahlen, als auf der Rechnung steht, warum es so viel sein muss und wovon die Höhe des Trinkgeldes abhängt, das wissen sie nicht. Die wenigen hauptberuflichen Trinkgeldwissenschaftler haben zwar auch keine eindeutigen Antworten auf die drängenden Trinkgeldfragen, können aber immerhin Interessantes berichten.

Wenig überraschend ist zunächst, dass die Höhe des Trinkgeldes mit der Höhe der Rechnung ansteigt, kann man doch in jedem Benimmbuch nachlesen, dass es Brauch ist, einen bestimmten Prozentsatz der Rechnung als Trinkgeld zu zahlen. Andererseits hält sich ein Fünftel der Menschen (zumindest in Amerika) aus unklaren Gründen nicht an diese Konvention, sondern legt immer denselben Betrag obendrauf, egal, was auf der Rechnung steht. Wer mit Kreditkarte die Rechnung begleicht, ist überdurchschnittlich freigebig, vermutlich weil die Anwesenheit von Kreditkarten unbewusst einen Kaufrausch auslöst.

Wie nicht anders zu erwarten, hängt die Höhe des Trinkgeldes ein bisschen davon ab, wie der Kunde die Qualität des Service bewertet: Fühlt er sich gut bedient, zahlt er ein wenig mehr, allerdings nicht sehr viel. Stattdessen sollten Bedienungen sich darauf konzentrieren, freundlich oder notfalls auch aufdringlich zu sein. Wie der Psychologe Michael Lynn herausfand, kann man bemerkenswerte Erhöhungen der Trinkgelder feststellen, wenn die Kellner den Kunden «leicht auf dem Arm, der Hand oder der Schulter» berühren, ihn «mit Spielen oder Witzen unterhalten» oder «Smileys oder andere Bilder auf die Rückseite der Rechnung zeichnen».

Aber warum zahlt man überhaupt Trinkgeld, obwohl es doch freiwillig ist und so einiges kostet? Die meisten würden wohl erwidern: «Weil man es so macht.» Leider ist diese Antwort vollkommen unbefriedigend. Eine möglicherweise bessere Variante: Wir möchten sicherstellen, in Zukunft genauso gut oder besser bedient zu werden. Wenn das stimmt, dann sollte vernünftigerweise niemand Trinkgeld geben, wenn er den Menschen, der ihn bedient hat, voraussichtlich nie wiedersehen wird, bei Taxifahrern zum Beispiel. Vernünftig wäre es dann auch, vor dem Essen oder vor dem Fahrtantritt zu zahlen, um die Bedienung oder den Fahrer gnädig zu stimmen. Die Wirklichkeit sieht anders aus.

Als Nächstes könnte man auf die Idee kommen, dass Mitgefühl eine bestimmende Rolle spielt: Man müsse das arme Servicepersonal doch unterstützen. Dafür gibt es einige Hinweise, zum Beispiel erklärten in einer Untersuchung in den USA immerhin 30 Prozent der Befragten, sie gäben Trinkgeld, weil sie das Gefühl hätten, die Empfänger seien darauf angewiesen. Allerdings häufen sich auch hier die Widersprüche: Wäre Mitgefühl wichtig, könnte man erwarten, dass Trinkgelder hoch ausfallen, wenn die Gehaltsdifferenz zwischen Kunde und Bedienung hoch ist, zum Beispiel bei Schuhputzern. Vielleicht ist es aber auch prinzipiell der Eindruck, die Angestellten im Restaurant würden von ihrem Chef an der kurzen Leine gehalten. Dann aber sollte man nie dem Restaurantbesitzer Trinkgeld zahlen. All dies lässt sich bisher nicht belegen.

Vielleicht geben wir auch Trinkgeld, um der Welt zu signalisieren, wie großzügig wir sind, auch wenn das vielleicht gar nicht stimmt. Aber wieso zahlt man dann auch in Abwesenheit der Welt, zum Beispiel, wenn man alleine mit dem Taxifahrer ist? Der Ökonom Robert Frank liefert eine mögliche Antwort: Wir müssen uns ständig selbst beweisen, wie großzügig wir sind, um das Gewissen zu beruhigen und das Karma zu verbessern. Dies führt, so der Soziologe Diego Gambetta, der sich ansonsten unter anderem mit der Mafia befasst, zu einer überraschenden Annahme: Menschen, die ohnehin großzügig sind, sollen angeblich weniger Trinkgelder zahlen als geizige, weil sie es ja nicht mehr nötig haben. Das wurde zwar noch nicht überprüft, stimmt aber wohl eher nicht.

Übrigens wird in manchen Ländern gar kein Trinkgeld gezahlt, in China zum Beispiel. Wiederum sind die Gründe unklar. Es kann jedoch kaum mit der jahrzehntelangen kommunistischen Erziehung zu tun habe, denn im kapitalistischen Singapur und in Australien ist es ganz genauso. Manchmal runden asiatische Taxifahrer den Preis sogar zu ihren Ungunsten ab, wodurch ein negatives Trinkgeld entsteht – der Bedienstete zahlt dem Kunden Trinkgeld. Aber auch im Trinkgeldparadies Amerika regen sich traditionell Widerstände. Im Jahr 2006 etwa machte der prominente Restaurantbesitzer und Kochbuchautor Thomas Keller Schlagzeilen, als er in seinem New Yorker Restaurant Trinkgelder prinzipiell verbot. In den darauffolgenden Debatten wird die Praxis des Trinkgeldgebens abwechselnd als «amerikanisch» oder als «unamerikanisch» bezeichnet, wohl weil es niemand so genau weiß.

Prägnant zusammengefasst wird der wissenschaftliche Erkenntnisstand in der Anfangsszene des Tarantino-Films «Reservoir Dogs». Am Ende eines langen Frühstücks im Café erklärt Steve Buscemi alias «Mr. Pink», als es ums Bezahlen geht, er glaube nicht an Trinkgelder, und löst damit eine lange Diskussion aus. Ausführlich erklärt er unter Verwendung vieler der oben beschriebenen Zusammenhänge, warum Trinkgelder sinnlos und unvernünftig sind. Der Trinkgeldzwang erweist sich jedoch als stärker, denn am Ende bezahlt Mr. Pink trotzdem seinen Anteil, und zwar aus Dankbarkeit, denn schließlich musste er schon nichts für die Rechnung geben. Irgendeinen Grund findet man ja immer.

UHR STOPPEN!

Tragen Sie Ihre benötigte Zeit unter VERSTÄNDNISTEST/PRAXIS V bei «Zeit» ein.

Nun ermitteln Sie auf der nächsten Seite Ihre Lesegeschwindigkeit in Wörtern pro Minute.

Ermittlung der Lesegeschwindigkeit (WpM): TRINKGELD

0 – 1 Min.	1 – 2 Min.	2 – 3 Min.	3 – 4 Min.	4 – 5 Min.
Zeit WpM	1.00 – 813	2.00 – 407	3.00 – 271	4.00 – 203
	1.05 – 750	2.05 – 390	3.05 – 264	4.05 – 199
0.10 – 4.878	1.10 – 697	2.10 – 375	3.10 – 257	4.10 – 195
0.15 – 3.252	1.15 – 650	2.15 – 361	3.15 – 250	4.15 – 191
0.20 – 2.439	1.20 – 610	2.20 – 348	3.20 – 244	4.20 – 188
0.25 – 1.951	1.25 – 574	2.25 – 336	3.25 – 238	4.25 – 184
0.30 – 1.626	1.30 – 542	2.30 – 325	3.30 – 232	4.30 – 181
0.35 – 1.394	1.35 – 513	2.35 – 315	3.35 – 227	4.35 – 177
0.40 – 1.220	1.40 – 488	2.40 – 305	3.40 – 222	4.40 – 174
0.45 – 1.084	1.45 – 465	2.45 – 296	3.45 – 217	4.45 – 171
0.50 – 976	1.50 – 443	2.50 – 287	3.50 – 212	4.50 – 168
0.55 – 887	1.55 – 424	2.55 – 279	3.55 – 208	4.55 – 165
5 – 6 Min.	**6 – 7 Min.**	**7 – 8 Min.**	**8 – 9 Min.**	**9 – 10 Min.**
5.00 – 163	6.00 – 136	7.00 – 116	8.00 – 102	9.00 – 90
5.05 – 160	6.05 – 134	7.05 – 115	8.05 – 101	9.05 – 90
5.10 – 157	6.10 – 132	7.10 – 113	8.10 – 100	9.10 – 89
5.15 – 155	6.15 – 130	7.15 – 112	8.15 – 99	9.15 – 88
5.20 – 152	6.20 – 128	7.20 – 111	8.20 – 98	9.20 – 87
5.25 – 150	6.25 – 127	7.25 – 110	8.25 – 97	9.25 – 86
5.30 – 148	6.30 – 125	7.30 – 108	8.30 – 96	9.30 – 86
5.35 – 146	6.35 – 123	7.35 – 107	8.35 – 95	9.35 – 85
5.40 – 143	6.40 – 122	7.40 – 106	8.40 – 94	9.40 – 84
5.45 – 141	6.45 – 120	7.45 – 105	8.45 – 93	9.45 – 83
5.50 – 139	6.50 – 119	7.50 – 104	8.50 – 92	9.50 – 83
5.55 – 137	6.55 – 118	7.55 – 103	8.55 – 91	9.55 – 82

Tragen Sie Ihren Wert auf dem Ergebnisbogen unter **VERSTÄND-NISTEST / PRAXIS V** bei «WpM» ein, *bevor* Sie zu den Fragen wechseln.

Fragebogen – Test V – TRINKGELD

Bitte kreuzen Sie nur die Antworten an, die dem Text entsprechen

1. Wie viel Trinkgeld wird in den USA jährlich ungefähr gezahlt?
   a) Knapp eine Milliarde Dollar
   b) 3,5 Milliarden Dollar
   c) 20 Milliarden Dollar
   d) 47 Milliarden Dollar

2. Wie viele Amerikaner geben immer denselben Betrag als Trinkgeld, unabhängig von der zu zahlenden Summe?
   a) Vier Prozent
   b) Ein Fünftel
   c) Die Hälfte
   d) Im Text nicht erwähnt

3. Welche Handlungen der Kellner haben bemerkenswerte Erhöhungen des Trinkgelds zur Folge?
   a) Mit den Gästen flirten
   b) Den Gästen für ihre Kleidung Komplimente machen
   c) Den Gästen Kochtipps mit auf den Weg geben
   d) Smileys oder andere Bilder auf die Rückseite der Rechnung zeichnen

4. Welcher mögliche Erklärungsansatz wird als Erstes untersucht und verworfen?
   a) Wir möchten der Welt signalisieren, wie großzügig wir sind
   b) Wir möchten uns selbst signalisieren, wie gut es uns geht
   c) Wir möchten aus Mitgefühl das arme Servicepersonal unterstützen
   d) Wir möchten sicherstellen, in Zukunft genauso gut oder besser bedient zu werden

5. Welche Wissenschaftler werden im Text erwähnt?
   a) Ein Psychologe, ein Ökonom und ein Soziologe
   b) Ein Historiker, ein Kulturwissenschaftler und ein Finanzexperte
   c) Ein Gastrosoziologe und ein Psychoanalytiker
   d) Mehrere Psychologen

6. In welchen Ländern wird gar kein Trinkgeld gezahlt?
   a) Kuba, Vietnam, Mongolei
   b) Australien, China, Singapur
   c) Neuseeland, Japan
   d) Im Text nicht erwähnt

7. Wer machte durch ein prinzipielles Trinkgeldverbot Schlagzeilen?
   a) Ein Pariser Cafébesitzer
   b) Ein New Yorker Restaurantbesitzer
   c) Ein Taxiunternehmen aus Los Angeles
   d) Ein Schuhputzerverband aus Buenos Aires

8. Welches ist der Fachbegriff für «Trinkgeldwissenschaftler»?
   a) Propinologe
   b) Pekuniologe
   c) Önologe
   d) Im Text nicht erwähnt

9. Welcher Film wird im letzten Absatz des Textes zitiert?
   a) Manche mögen's heiß
   b) Titanic
   c) Reservoir Dogs
   d) Fahrenheit 451

10. Der Autor des Textes gibt sich am Ende zu erkennen als:
    a) Restaurantbesitzer
    b) Jemand, der in seiner Jugend häufig Taxi gefahren ist
    c) Jemand, der in seiner Jugend häufig gekellnert hat
    d) Im Text nicht erwähnt

**NUN BLÄTTERN SIE BITTE UM
UND ÜBERPRÜFEN IHRE ANTWORTEN**

Antwortblatt – Test V – TRINKGELD

1. c)	6. b)
2. b)	7. b)
3. d)	8. d)
4. d)	9. c)
5. a)	10. d)

Tragen Sie den Prozentsatz der richtigen Antworten und die «Effective Reading Rate» (ERR) bitte auf dem Ergebnisbogen unter VERSTÄNDNISTEST/PRAXIS V ein.

Kommentar zu dem Ergebnis des Verständnistests

Vergleichen Sie jetzt bitte auf dem Ergebnisbogen Ihr letztes Ergebnis mit dem des ersten Verständnistests. Ermitteln Sie, wie sehr Sie sich verbessert haben. Gegebenenfalls können Sie auch von den letzten beiden Ergebnissen einen Durchschnittswert bilden, wenn Sie darin eine realistischere Endstufe sehen. Auf dieser Basis lässt sich ebenfalls der Verbesserungsfaktor errechnen.

Geschafft – im doppelten Sinne?!

Es dürfte für Sie teilweise recht mühsam gewesen sein, die praktischen Übungen konsequent nach unserer Anleitung durchzuführen. Das Ablegen vertrauter Gewohnheiten ist immer unbequem, funktioniert aber sehr gut – jedenfalls beim Lesen – mit Hilfe eines hohen Tempodrucks. Wenn Sie sich unbefangen auf diese permanente Aufforderung zur Geschwindigkeit eingelassen haben, konnten Sie mit Sicherheit manche eingefahrene Muster schon überwinden. Wir haben uns jedenfalls viel Mühe gegeben, Sie immer wieder «anzutreiben», und ich hoffe, dass wir Sie zu Ihrem gewünschten Ziel führen konnten.

Sind Sie selbst zufrieden mit Ihren erreichten Leistungen? Denken Sie daran, dass schon eine 25%ige Steigerung der Leseeffizienz («Effective Reading Rate») bei zwei Stunden Lesezeit pro Arbeitstag zu einer Zeitersparnis von 14 Tagen pro Jahr führt.

Wir möchten Sie aber an dieser Stelle noch gar nicht aus dem zweiten «Leselernprozess» entlassen. Effizientes Lesen besteht aus so vielen Elementen, dass wir wenigstens einige noch andeuten wollen. Deshalb beschäftigen wir uns in dem letzten, dem sechsten Teil des Buches mit der Erarbeitung und Verfestigung von Wissen. Kurz gehen wir dabei auch auf den Umgang mit schwierigeren Texten ein.

Nach der Augenentspannungsübung, die wie immer einen Praxisblock abschließt, möchten wir gern, dass Sie sich das Kapitel VI zunächst mit Hilfe einer Vorausschau ansehen. Auch wenn es noch nicht so perfekt klappt – arbeiten Sie daran, diese Kurzübersicht zu automatisieren. Die Technik, die wir dafür vorschlagen, finden Sie nach der Entspannungsübung.

Praxis V – Augenentspannungsspiel

Wie oft ändert die Linie Ihre Richtung?

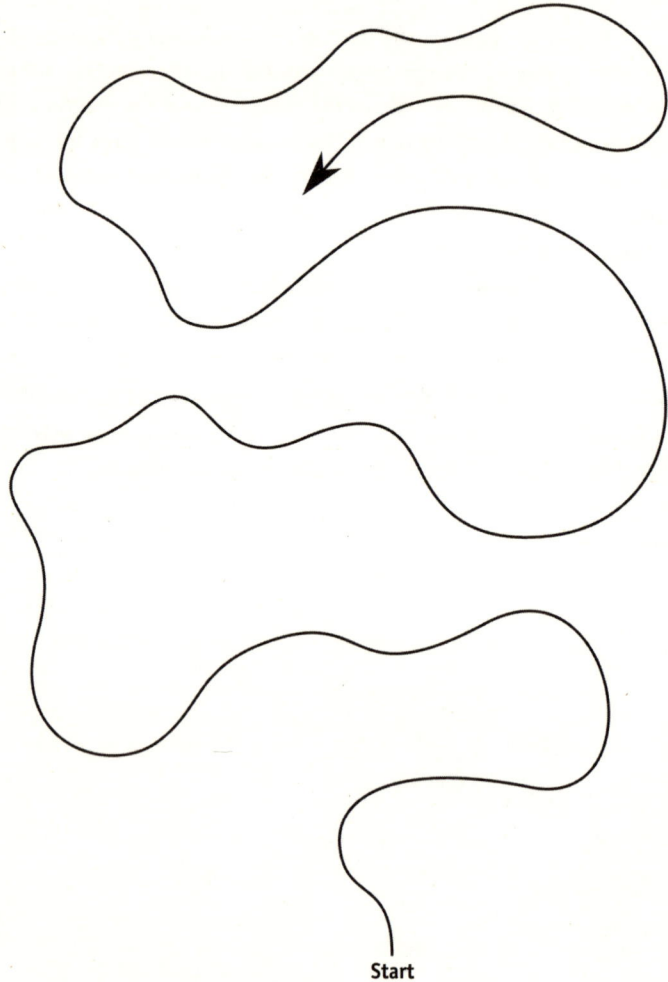

Start

Die Linie ändert 21-mal ihre Richtung, stimmt's?

Praxis V – Übung: «Paragraphing» Theorie VI

Weiteres Vorgehen

… und jetzt folgt die angekündigte Vorausschau über den letzten Theorieteil, Kapitel VI. Wir möchten gern, dass Sie dafür das «Absatzspringen» (Paragraphing) einsetzen. Erfassen Sie zunächst zügig jeweils nur den Anfang eines Absatzes (erster Satz oder ggf. die ersten beiden).

Sie werden vermutlich feststellen, dass Sie dabei schon eine Vorstellung von dem Inhalt entwickeln. Möglicherweise werden Sie Aussagen finden, die Ihnen bekannt vorkommen, und andere, die vielleicht Ihr Interesse wecken. In jedem Fall können Sie bereits erkennen, ob dieser Text Ihnen etwas Neues bietet oder nicht. Genau zu dieser Erkenntnis soll die «Absatzspringtechnik» führen: «Weiß ich alles schon, kann ich weglassen» oder «Kann ganz interessant sein, lohnt sich, vollständig zu lesen». Für die letzte Variante sind Sie dann eingestimmt auf das Thema, die relevanten Gehirnareale sind aktiviert, und das Vorwissen wird «geweckt». So sind Sie besser vorbereitet auf das Verstehen des Textes.

Nehmen Sie sich jetzt etwa 10 Sekunden pro Seite, in denen Sie sich diesen ersten Eindruck verschaffen. Danach *lesen* Sie den Text bzw. die Teile, die Sie davon interessieren – hoffentlich alles!

 **THEORIE VI, SEITE 93**

Anhang

Literatur

Adler, Mortimer J./van Doren, Charles: *How to read a book*, Touchstone Books 1972.

Beyer, Günther: *Brain Fitness*, Heidelberg 2004/2007.

Blech, Jörg: *Die Sprache des Gehirns*, in: Der Spiegel Nr. 14, 31.3.2008, S. 133–146.

Bundesanstalt für Arbeitsschutz und Arbeitsmedizin (BAuA) (Hg.): *«Sitzlust statt Sitzfrust». Sitzen bei der Arbeit und anderswo*, Dortmund 2004 (kostenlose Broschüre); auch als pdf-Dokument unter: www.baua.de/nn_21604/de/Publikationen/Broschueren/A31, xv=vt.pdf (Zugriff: 3.5.08).

bm:bwk (Bundesministerium für Bildung, Wissenschaft und Kultur Österreich) (Hg.): LESEFIT-Rucksack. Sachbücher Hauptschule. *Skriptum «Informierendes Lesen»*, Wien 2006, in: www.buchklub.at/Lesepraxis/Volksschule/Weitere-Materialien-fuer-die-Volksschule/LESEFIT-Rucksack-Sachbuecher-fuer-VS-und-HS.html (Zugriff: 1.4.2008).

Buswell, Guy Thomas: *How Adults Read*, Chicago 1936.

Christmann, Ursula: *Lesen*, in: R. Mangold/P. Vorderer/G. Bente: Lehrbuch der Medienpsychologie, Göttingen 2004, S. 420 – 442.

Hätscher-Rosenbauer, Wolfgang: *Augenschule für gesundes Sehen*, Bad Vilbel 2002.

Hüther, Gerald: *Die Macht der inneren Bilder*, Göttingen 2006.

Lefrançois, Guy R.: *Psychologie des Lernens*, Heidelberg [4]2006.

LESEFIT-Rucksack s. bm:bwk

Lukesch, Helmut: *Psychologie des Lernens und Lehrens*, Regensburg 2001.

Möller, Jens / Schiefele, Ulrich: *Motivationale Grundlagen der Lesekompetenz*, in: Ulrich Schiefele / Cordula Artelt u. a. (Hg.): Struktur, Entwicklung und Förderung von Lesekompetenz. Vertiefende Analysen im Rahmen von PISA 2000, Wiesbaden 2004, S. 101–124.

Müsseler, Jochen (Hg.): *Allgemeine Psychologie*, Berlin, Heidelberg 2008.

Parkin, Alan J.: *Erinnern und Vergessen*, Bern 2000.

Passig, Katrin / Scholz, Aleks: *Lexikon des Unwissens.* Worauf es bisher keine Antwort gibt, Berlin [3]2007.

Pronin, Emily / Wegner, Daniel M.: *Manic Thinking.* Independent Effects of Thought Speed and Thought Content on Mood, in: Psychological Science, Bd. 17, 2006, S. 807f.

Radach, Ralph: *Blickbewegungen beim Lesen*, Münster, New York 1996.

Schermer, Franz F.: *Lernen und Gedächtnis*, 2., überarb. und erw. Aufl., Stuttgart, Berlin, Köln 1998.

Schirp, Heinz: *Neurowissenschaften und Lernen*, in: Ralf Caspary, Lernen und Gehirn. Der Weg zu einer neuen Pädagogik, Freiburg [3]2007, S. 99–127.

Spitzer, Manfred: *Wie lernt das Gehirn?* Vortrag auf der Fachtagung des Bundesverbands TuWas am 24.6.2004, in: www.izgmf.de / Spitzer-Vortrag.pdf (Zugriff am 1.4.2008).

Sachregister

Verweise auf den Praxisteil sind *kursiv.*

Danksagung

Danken möchte ich...

...an allererster Stelle meinen Mitautoren Britta Sösemann und Friedrich Hasse, ohne die ich dieses Buch nicht hätte schreiben können.

Stan Rodgers für die Entwicklung des Kurskonzepts.

Professor Barrie Pettman und Malcolm Stewart, als Verantwortliche von IISE, für die Genehmigung, die Kurserkenntnisse im Buch verwenden zu können.

Jessica Büttel, Christiane Graf, Angelika Jargstorf und Winfried Watermann für das Korrekturlesen und die vielen guten Anregungen.

Simon Reichelt für graphische und DV-technische Problemlösungen.

Juliane Rödl und anderen für Hilfe bei der Textbearbeitung.

Unserer Lektorin, Frau Julia Vorrath, für den Anstoß zum Schreiben dieses Buchs und ihre kompetente, liebenswürdige Begleitung unserer Arbeit.

Ergebnisbogen

Freies Lesen   **Praxis I:** .... Wörter pro Minute (WpM)

Praxis V: .... Wörter pro Minute (WpM)

Verständnistest – Geschwindigkeit und Verständnis

Praxis	Zeit	Wörter pro Minute (WpM)	% Verständnis	Effective Reading Rate (ERR)
I				
II				
III				
IV				
V				

Ermitteln Sie Ihre Verbesserungsrate: erreichte WpM ....

erreichte ERR ....

Verbesserungsfaktor im Vergleich zum ersten Test (ERR V / ERR I): ....

Augenübungen

Praxis	Wörter		Ziffern		Buchstaben		Gleiches Thema	
	Zeit	Fehler	Zeit	Fehler	Zeit	Fehler	Zeit	Fehler
	Ziel:		Ziel:		Ziel:		Ziel:	
I								
II								
III								
IV								
V								

Sinngruppenübungen in Praxis II bis V

Praxis	Übung 1 Zeit in Sek.	Übung 2 Zeit in Sek.	Übung 3 Zeit in Sek.	Übung 4 Zeit in Sek.
II				
III				
IV				
V				

Jutta Limbach:
Ausgewanderte Wörter

Finnen machen eine Kaffepaussi, Japaner pflegen ihre noirooze, Russen geraten in Zeitnot und Ägypter rufen: Ferkig! Deutsche Wörter tauchen überall auf der Welt im alltäglichen Sprachgebrauch auf. Dieses Buch präsentiert die schönsten Ausreißer mit vergnüglichen Erläuterungen zu Ursprung, Reiseroute und Geschichte. rororo 62353

Neues für Wortjongleure
Viel zu Wissen, viel Vergnügen

David Bergmann:
Der, die, was?
Ein Amerikaner im Sprachlabyrinth
Die Fallstricke, aber auch die Schönheiten des Deutschen erstmals aus der Sicht eines Nichtmuttersprachlers.
rororo 62250

Wie, wer, das?
Neue Abenteuer eines Amerikaners im Sprachlabyrinth
rororo 62492

Bodo Mrozek
Lexikon der bedrohten Wörter

Brit, Lorke, Zeche: Manche Wörter erklingen ungeachtet ihrer Schönheit immer seltener. Aber warum verschwinden sie? Bodo Mrozek hat in seinem Bestseller einen Wortschatz zusammen getragen, dem das Schicksal des Aussterbens droht.
rororo 62077 (Band I)
rororo 62193 (Band II)

Weitere Informationen in der Rowohlt Revue *oder unter* www.rororo.de